BHANTE HENEPOLA
GUNARATANA

Die 4 Säulen der Achtsamkeit

Philosophie & Praxis
für das tägliche Leben

Aus dem Englischen
von Jochen Lehner

SCORPIO

Die amerikanische Originalausgabe ist 2012 unter dem Titel *The Four Foundations of Mindfulness in Plain English* bei Wisdom Publications, Somerville, MA, USA erschienen.

Sämtliche im Buch aufgeführten Zitate aus dem Dhammapada und den Suttas wurden nach dem amerikanischen Original übersetzt.

© 2012 by Bhante Henepola Gunaratana
© der deutschsprachigen Ausgabe:
2014 Scorpio Verlag GmbH & Co. KG, München
Umschlaggestaltung: Sabine Krohberger, Editorial Design, München
Covermotiv und S. 25, S. 97, S. 125, S. 149: © Plainpicture/Onimage
Satz: Human Touch, Klein Jasedow
Druck und Bindung: GGP Media GmbH, Pößneck
ISBN 978-3-943416-89-3
Alle Rechte vorbehalten

www.scorpio-verlag.de

Inhalt

Vorwort 7
Einleitung 9
Das Sutta über die vier Grundlagen der Achtsamkeit 20

Teil 1
Achtsamkeit auf den Körper
1. Der Atem 26
2. Die vier Haltungen des Körpers 39
3. Klares Begreifen 54
4. Bestandteile und Elemente des Körpers 69
5. Tod und Vergänglichkeit 83

Teil 2
Achtsamkeit auf die Gefühle
6. Empfindungen und Gefühle 98
7. Schädliche und nützliche Gefühle 110

Teil 3
Achtsamkeit auf den Geist
8. Geist und Bewusstsein 126
9. Die Geistesverfassung 135

Teil 4
Achtsamkeit auf den Dhamma

10. Hindernisse	150
11. Das Anhaften und die Fesseln	161
12. Die sieben Faktoren der Erleuchtung	175
13. Die vier Wahrheiten und acht Schritte	188
Glossar	198
Bücher von Bhante Henepola Gunaratana	204
Über den Autor	205

Vorwort

ES GIBT EINE ganze Reihe von Büchern zu den vier Grundlagen der Achtsamkeit, darunter Übersetzungen der auf Pali niedergeschriebenen, ursprünglichen Lehrrede des Buddha, Kommentare und Subkommentare, die das Sutta in allen Einzelheiten erläutern, sowie gelehrte Abhandlungen, die eine große Fülle von Erkenntnissen und Material bieten. Wenn Sie Ihre theoretischen Kenntnisse über Meditation vertiefen möchten, kann ich Ihnen diese Bücher nur wärmstens empfehlen.

Wenn ich Anleitungen zur Meditation gebe, lege ich sie möglichst immer so an, dass der Zuhörer sie leicht aufnehmen und auch für sich allein in die Praxis umsetzen kann, wenn gerade kein Lehrer in seiner Nähe ist. Wie in allen meinen Büchern geht es mir auch in diesem um die tatsächliche Praxis hier und jetzt in unserem täglichen Leben. Deshalb versuche ich mich wie immer in einfachen und verständlichen Worten mitzuteilen.

Meditation wird heute immer beliebter, und das hat gute Gründe. Leider stehen nicht genug Lehrer für die wachsende Zahl der Suchenden zur Verfügung. Manche, die noch keinen Lehrer gefunden haben, lesen Bücher über Meditation, andere nehmen an Meditations-Retreats teil oder hören sich Vorträge über Meditation an. Einige von ihnen schreiben mir nach der Lektüre von Büchern, nach Vorträgen und nach spirituellen Auszeiten und bitten mich darum, den ein oder anderen Punkt zu klären. Das brachte mich auf den Gedanken, zur Beantwortung wenigstens einiger dieser Fragen das vorliegende Buch zu schreiben. Ein Einzelner kann natürlich kein Buch schreiben, auch keine Reihe von Büchern, in denen sämtliche Fragen, die je von Menschen gestellt wurden, hinreichend beantwortet werden. Zudem verhält es sich ja so, dass diejenigen, die einmal in die Achtsamkeitspraxis eingetaucht sind, in ihrer Begeisterung auf immer weitere Fragen stoßen. Und so stellt dieses Buch einfach meinen bescheidenen Versuch dar, einige der vielen Fragen zur Meditation zu beantworten.

Mein aufrichtiger Dank gilt Ajahn Sona, einem unserer Schüler in der Bhavana Society, der viel dazu beitrug, dieses Buch auf den Weg zu bringen. Josh Bartok und Laura Cunningham vom Verlag Wisdom Publications verdanke ich wertvolle Anregungen und umsichtige Regie bei der Fertigstellung dieses Buches. Großen Dank schließlich an Brenda Rosen, die unendlich viel Zeit und Mühe in die Entwicklung des Manuskripts gesteckt hat.

Bhante Henepola Gunaratana
Bhavana Society
High View, West Virginia

Einleitung

BEI DEM TEXT, den wir heute als »Die vier Grundlagen der Achtsamkeit« kennen, handelt es sich um eine Lehrrede, vielleicht auch eine Sammlung von Lehrreden, die der historische Buddha Shakyamuni gehalten haben soll. Bei diesem inzwischen auch im Westen wohlbekannten, umfassenden Zyklus von Meditationsanleitungen dürfte es sich um die vorherrschende Meditationsform in der Welt des heutigen Theravada-Buddhismus handeln.
Um Achtsamkeit ist es auch in meinen früheren Büchern gegangen. Mit *Die Praxis der Achtsamkeit* habe ich eine Schritt für Schritt vorgehende Anleitung für die Achtsamkeitsmeditation vorgelegt. Wenn Sie in die Praxis der Achtsamkeitsmeditation einsteigen möchten, stellt dieses Buch einen guten Ausgangspunkt für Sie dar. In *Acht Schritte zum Glück* zeige ich, wie man mit Achtsamkeit den Acht-Schritte-Pfad des Buddha zum Glück gehen kann. Man könnte sagen, dass die vier Grundlagen der Achtsamkeit zusammen den siebten Schritt dieses Weges bilden. Eigentlich behandeln die vier Grundlagen sogar die letzten drei Schritte dieses Weges – Bemühen oder Anstrengung, Achtsamkeit und Konzentration oder »Meditation«, wie man im Westen sagt. In *Von der Achtsamkeit zur Sammlung* erläutere ich die Prinzipien und Techniken der tiefen Konzentrationsmeditation. Konzentrationsmeditation oder *Samatha* und Achtsamkeitsmeditation oder *Vipassana* ergänzen einander, da die vier Grundlagen der Achtsamkeit auch die Grundlagen der Konzentration sind.

In diesem Buch möchte ich nun direkt über die vier Grundlagen als Prinzipien der Achtsamkeitspraxis sprechen und Ihnen in einfacher, schnörkelloser Sprache vermitteln, was der Buddha in seinen Lehrreden oder *Suttas* über Achtsamkeit gesagt hat und wie wir seine Worte in unserem Alltag so umsetzen können, dass unsere Achtsamkeit zunimmt und wir unseren spirituellen Zielen näher kommen.

Achtsamkeit bedeutet im Grunde etwas ganz Einfaches. Im Körper geschieht Vieles, ohne dass wir es auch nur bemerken. Wenn Krankheitskeime eindringen, werden sie von den weißen Blutkörperchen attackiert, ohne dass wir es wahrnehmen. Wir können aber trainieren, alles wahrzunehmen, was wir bewusst tun, also gehen, stehen, reden, essen, trinken, schreiben, lesen, spielen und was es sonst noch an körperlichen Aktivitäten gibt. Wir können außerdem Augenblick für Augenblick unserer Gefühle, Empfindungen und Gedanken, also der geistigen Regungen, gewahr sein. Kurz, Achtsamkeit trainiert uns darauf, alles, was wir tun, vollständig bewusst zu tun.

Vielleicht fragen Sie jetzt, wozu diese bewusste Wahrnehmung gut ist. Nun, wer sich mit Achtsamkeitspraxis beschäftigt, erkennt schnell, dass wir umso genauer wissen, weshalb wir tun, was wir tun, je bewusster wir unsere Aktionen wahrnehmen und je besser wir die Gefühle, Gedanken und Wahrnehmungen verfolgen, die zu ihnen führen. Bewusstheit erlaubt uns zu unterscheiden, ob unsere Aktionen guten oder schädlichen Impulsen entspringen. Segensreiche Triebkräfte sind beispielsweise Großzügigkeit, Freundlichkeit, Mitgefühl und Weisheit; hinter schädlichen Handlungen dagegen stehen meist Gier, Hass und Verblendung. Wenn wir die tiefen Wurzeln im Blick behalten, aus denen unsere Gedanken, Worte und Taten sprießen, können wir die segensreichen »gießen« und die schädlichen »jäten«.

Der Buddha betonte, dass all seine Lehren vor allem auf die »Beendigung der Leiden« abzielen. In der Achtsamkeit erkennen wir, dass förderliches Handeln unserem täglichen Leben Frieden und Glück beschert. Darüber hinaus verhilft es uns zu Fortschritten auf dem Weg des Buddha, dem Weg zum *Nibbana*, der vollkommenen Befreiung von allen Leiden. In gleicher Weise lehrt uns die Achtsamkeit, dass von Gier, Hass und Verblendung geleitetes Handeln uns elend macht und zu einem Leben unter ständiger Anspannung zwingt. Es hält uns im *Samsara* gefangen, dem zyklischen Dasein, in dem ein leidvolles Leben dem anderen folgt.

Wenn wir Achtsamkeit üben, fragen wir uns, bevor wir etwas sagen: »Entsprechen diese Worte der Wahrheit, sind sie für mich und andere wirklich nutzbringend? Dienen sie dem Frieden, oder beschwören sie nur Probleme herauf?« Schon beim Denken fragen wir uns: »Macht mich dieser Gedanke ruhig und froh, oder plagt und ängstigt er mich nur?« Und bevor wir handeln, fragen wir: »Wird dieses Handeln Leiden für mich und andere nach sich ziehen?« Achtsamkeit stellt uns also immer vor die Wahl: »Möchte ich Freude und Zufriedenheit oder Leid und Sorgen?«

Durch Achtsamkeit lernen wir auch, die Veränderungen im Auge zu behalten, die sich in uns und in der Welt rings um uns herum ständig abspielen. Das vergessen wir leicht, weil uns die vielen Dinge, die ständig überall und gleichzeitig geschehen, allzu sehr ablenken. Wir lassen uns vom Oberflächlichen mitreißen und sehen den Strom des Ganzen nicht mehr. Der Geist will immer wissen, wie es weitergeht und danach wieder weitergeht und was dann kommt, und wir ereifern uns derart über die »Show«, die uns geboten wird, dass wir sie für bare Münze nehmen.

Der Buddha lehrte, dass alles Vergängliche leidvoll ist. Dass es sich so verhält, merken wir, sobald wir ein wenig genauer hinsehen. Irgendwann ist der Geist es müde, von einem vergänglichen Ding zum nächsten zu wandern. Es erscheint ihm müßig, er verliert das Interesse. Dann kommt er zur Ruhe und findet Freude. Das Pali-Wort für das »Erinnern« ist *sati*, aber es lässt sich auch mit »Achtsamkeit« übersetzen. Das Erinnern besteht darin, dass man ganz direkt auf alles achtet, was sich Augenblick für Augenblick abspielt.

Im wohltuenden Zustand der Achtsamkeit lassen wir die Dinge sein, wie sie gegenwärtig eben sind, ohne uns mit dem zu befassen, was früher geschah oder vielleicht später geschehen wird. Normalerweise geben wir gern der Welt die Schuld an unseren Leiden und Schmerzen, wir wissen es einfach nicht besser. Aber mit Sati, dem achtsamen Erinnern, wird uns klar, dass wir Frieden und Freiheit von Leiden nur dort finden können, wo wir mit unserem Körper und Geist in diesem Augenblick sind. »Erinnerungsvermögen« ist für unseren Körper eine ganz natürliche Sache. Unser Herz beispielsweise pumpt Blut, ohne dass wir es ständig daran erinnern müssten. Auch unserem Geist können wir beibringen, auf ähnliche Art zu funktionieren. Die Ausbildung unserer Achtsamkeit ähnelt dem ständigen Einatmen von Sauerstoff zur Aufrechterhaltung aller Lebensprozesse. Bei allem, was in unserem Geist vor sich geht, kann die Achtsamkeit vermerken, ob es für Geist und Körper schädlich ist oder nicht. Es liegt ganz bei uns: Erdulden wir unsere Schmerzen einfach, oder erforschen wir sie, um zu verstehen, woher sie kommen? Solange wir die Ursachen unbeachtet lassen, werden wir wohl weiterhin leiden. Um ein bewusstes Leben müssen wir uns bemühen, aber wenn wir dem Weg des Buddha folgen, kann jeder dies mit ein wenig Übung verwirklichen.

Die Achtsamkeitspraxis ist tief in der buddhistischen Tradition verwurzelt. Vor über 2600 Jahren trug der Buddha seinen ältesten *Bhikkhus* oder Mönchen auf, seine Lehren an die Nachwelt zu übermitteln und ihre Schüler in den vier Grundlagen der Achtsamkeit zu unterweisen.

»Welche vier sind das?«, wurde er gefragt.

Die Erklärung lautete: »Kommt, Freunde, weilt mit konzentriertem, punktförmig ausgerichtetem, geeintem, inbrünstigem und klar begreifendem Geist in der Betrachtung des Körpers im Körper, um den Körper zu erkennen, wie er wirklich ist. Weilt [...] in der Betrachtung des Fühlens in den Gefühlen, um das Fühlen zu erkennen, wie es wirklich ist. Weilt [...] in der Betrachtung des

Geistigen im Geist, um den Geist zu erkennen, wie er wirklich ist. Weilt […] in der Betrachtung des Dhamma in den Dhammas, um die Dhammas zu erkennen, wie sie wirklich sind.«

Die Betrachtung der vier Grundlagen oder, wie wir vielleicht sagen würden, die Meditation über die vier Grundlagen Körper, Gefühle, Geist und Dhammas (oder Phänomene, Gesetzmäßigkeiten) wird allen Menschen auf dem spirituellen Pfad empfohlen, seien sie Anfänger oder Fortgeschrittene. Wie der Buddha selbst sagte, sollen Schüler, die gerade erst den buddhistischen Weg eingeschlagen haben, ebenso wie Mönche und Nonnen und sogar *Arahants*, die das Ziel der Befreiung von Leiden bereits erreicht haben,»in der Übung dieser vier Grundlagen der Achtsamkeit unterwiesen werden, bis sie darin sicher sind und sie weiter vertiefen können«.

In diesem Sutta spricht der Buddha vor allem die Gemeinschaft der Bhikkhus, also der Mönche und Nonnen an, die ihr Leben der spirituellen Praxis geweiht haben. Dabei entsteht vielleicht die Frage, ob Menschen mit Familie und Arbeit in dieser umtriebigen westlichen Welt überhaupt etwas von einer Achtsamkeitspraxis haben. Tatsächlich bestand die Zuhörerschaft des Buddha jedoch nicht ausschließlich aus Mönchen und Nonnen, sondern er sprach öffentlich, vielleicht in einem Dorf mit seinen Bauern, Handwerkern, Ladenbesitzern und anderen ganz gewöhnlichen Menschen. Da Achtsamkeit allen Menschen helfen kann, ihre Leiden zu lindern, dürfen wir annehmen, dass mit »Bhikkhu« eigentlich jeder gemeint ist, der sich ernsthaft für Meditation interessiert. Und in diesem Sinne sind wir alle Bhikkhus.

Werfen wir, um einen ersten Eindruck zu bekommen, einen kurzen Blick auf jede der vier Grundlagen der Achtsamkeit.

Der Buddha fordert uns auf, »den Körper im Körper« zu betrachten, also Körper-Achtsamkeit zu üben. Mit »Körper im Körper« deutet er an, dass dieser nichts Einheitliches, sondern ein Gefüge aus ganz verschiedenen Teilen ist. Nägel, Zähne, Haut, Knochen, Herz, Lunge und alle anderen Teile sind eigentlich selbst auch Körper, und sie bilden zusammen das größere Ganze, das wir dann den »Körper« nennen. In der buddhistischen Überlieferung gilt der Körper als aus 32 Bestandteilen gefügt, und wir üben uns darin, sie alle in unsere Achtsamkeit einzubeziehen. Unsere Achtsamkeit auf das gesamte Körpergeschehen zu richten ist ungefähr so, als versuchten wir ein Dutzend Orangen gleichzeitig in die Hände zu nehmen. Dieser Versuch läuft mit großer Wahrscheinlichkeit darauf hinaus, dass wir am Ende gar nichts halten.

Und wenn wir uns klarmachen, dass der Körper aus vielen Teilen besteht, tun wir uns leichter, »den Körper als Körper« zu sehen – nicht als *meinen* Körper oder als *ich*, sondern als eine physische Form unter anderen. Wie alles Geformte tritt der Körper ins Sein, verweilt eine Zeit lang und vergeht dann wieder. Da er Verletzungen erleidet, krank wird und schließlich stirbt, kommt er als dauerhafte Quelle des Glücks nicht infrage. Und da der Körper nicht ein *Ich* ist, muss man ihn außerdem »ichlos« nennen. Wenn uns also die Achtsamkeit offenbart, dass der Körper vergänglich, unbefriedigend und ichlos ist, erkennen wir den »Körper, wie er wirklich ist«, um die Worte des Buddha zu verwenden.

Weiterhin fordert uns der Buddha zur Gefühls-Achtsamkeit auf, und dazu sollen wir »das Fühlen in den Gefühlen« betrachten. Wie im Körper, so lassen sich auch im Fühlen ganz unterschiedliche Anteile ausmachen. Traditionell werden drei Typen von Gefühlen unterschieden: angenehme, unangenehme und neutrale Gefühle. Jeder Typ ist ein »Gefühl« in dem Bewusstseinsraum, den wir »Fühlen« nennen. Wir können immer nur eine Art von Gefühl haben: Während wir zum Beispiel ein angenehmes Gefühl empfinden, haben wir nicht gleichzeitig auch noch ein unangenehmes oder neutrales Gefühl.

Diese Betrachtung unserer Gefühle soll uns zu einem geradlinigen, nicht durch Urteile getrübten Bewusstsein unserer Erfahrung verhelfen. Dann verstehen wir ein bestimmtes Gefühl als ein Gefühl unter anderen und nicht als *mein* Gefühl oder gar das, was ich *bin*. Wir sehen Gefühle und Empfindungen entstehen, eine Weile anhalten und wieder verschwinden; wir erkennen, dass Gefühle vergänglich sind. Und da angenehme Gefühle nicht anhalten und unangenehme eben unangenehm oder schmerzhaft sind, wird uns bewusst, dass Gefühle unbefriedigend sind. Zuletzt erkennen wir Gefühle als Regungen oder Empfindungen, die eigentlich nicht *meine* sind, und daran erkennen wir wiederum, dass Gefühle ichlos sind. Zusammen ergeben diese Einsichten, dass wir »Gefühle erkennen, wie sie wirklich sind«.

Ähnliches gilt auch für die Geist-Achtsamkeit. Wir reden zwar über den Geist, als wäre er eine einheitliche Sache, aber eigentlich ist Geist oder Bewusstsein eine Abfolge von Bewusstseinsmomenten, von »Geist im Geist«. Die Achtsamkeitspraxis lässt uns erkennen, dass Bewusstsein Moment für Moment aus den von den Sinnen gelieferten Eindrücken und aus inneren geistigen Vorgängen wie Erinnerungen, Vorstellungen und Tagträumen hervorgeht. Wenn wir den Geist betrachten, haben wir keineswegs reines Bewusstsein vor uns. Geist als solchen nehmen wir nicht wahr, nur geistige Zustände, die sich in Abhängigkeit von äußeren oder inneren Umständen bilden. Wir verfolgen, wie Gedanken aufsteigen, verweilen und wieder vergehen, und so lernen wir die Automatik unbefriedigender Gedanken zu unterbrechen, die sich in endloser Folge aneinanderreihen. Wir gewinnen ein wenig Distanz und begreifen, dass wir nicht unsere Gedanken sind. So erkennen wir schließlich den »Geist, wie er wirklich ist«.

Wenn der Buddha uns zur Achtsamkeit auf den Dhamma auffordert, sind damit nicht einfach seine Lehren gemeint, wenngleich das eine der Bedeutungen des Wortes »Dhamma« ist. Der Buddha weist außerdem darauf hin, dass der von uns betrachtete Dhamma in uns ist. Die Geschichte ist voller Wahrheitssucher, und der Buddha war einer von ihnen. Fast alle Wahrheitssucher haben die Wahrheit außen gesucht, und so verhielt es sich auch beim Buddha, bevor er Erleuchtung fand. Er forschte nach seinem Ursprung, nach dem Grund seines Daseins, den er den »Erbauer dieses Hauses« nannte. Aber er fand nichts. Er fand nur, dass er geboren war, dass er Wachstum, Kummer, Krankheit, Alter, Verfall und Tod unterworfen war. Wenn er sich umsah, erkannte er, dass es allen anderen Menschen ebenso ging. Dadurch wurde ihm klar, dass kein Einziger in der Lage war, sich von seinen Leiden zu befreien. Da wandte er den forschenden Blick nach innen, und dort fand er schließlich die Antwort. Daraufhin sagte er:

> Viele Leben bin ich im Samsara gewandert,
> immer auf der Suche nach dem Erbauer dieses Hauses, und ich fand ihn nicht.
> Bitter ist es, wieder und wieder geboren zu werden.
> Jetzt, Hausbauer, habe ich dich erkannt.
> Du wirst das Haus nicht noch einmal erbauen.
> Die Sparren sind geborsten,
> der Firstbalken ist zerschmettert.
> Der Geist hat das Nicht-Bedingte erlangt.

Die große Entdeckung des Buddha besteht darin, dass die Wahrheit in uns ist. Seine gesamte Lehre, der Dhamma, beruht auf dieser Erkenntnis. Wenn wir den Blick nach innen richten, erkennen wir die Bedeutung der »vier edlen Wahrheiten«, der grundlegenden ersten Unterweisung des Buddha. Wo erleben wir Leid? In uns. Wo finden wir die Ursache unserer Leiden, das Begehren? Ebenfalls in uns. Wie können wir das Ende unserer Leiden erreichen, das Aufhören unserer Leiden? Wir finden den Weg in uns selbst. Und wie kommen wir zu rechtem Verständnis, rechtem Denken, rechter Rede, rechtem Handeln, rechtem Lebenserwerb, rechtem Bemühen, rechter Achtsamkeit und rechter Konzentration, also zum edlen achtfachen Pfad des Buddha als der Methode, mit der wir unsere Leiden beenden können? All das bilden wir in unserem Körper und Geist heran. Die Wurzeln des Leidens sind in uns. Und die Methode zur Beendigung des Leidens ist ebenfalls in uns.

Wenn wir Achtsamkeit üben, folgen wir dem Beispiel des Buddha und blicken nach innen. Dabei wird uns bewusst, dass unsere

Gier, unser Hass und unsere Verblendung die Ursachen unseres Unglücks sind. Diese Gifte müssen wir durch Großzügigkeit, Herzensgüte, Mitgefühl, Mitfreude, Geduld, Einfühlungsvermögen, Milde und Weisheit ersetzen, dann finden wir das Glück und den inneren Frieden, die wir gesucht haben. Deshalb rufe ich meinen Schülern immer wieder in Erinnerung: »Mit der Meditation auf dem Kissen macht ihr eure Hausaufgaben. Euer übriges Leben ist das Praktikum. Für die Achtsamkeitspraxis braucht ihr beides.«

Dhammas kann aber auch einfach die »Phänomene« oder Gesetzmäßigkeiten bezeichnen. Wenn wir, der Anweisung des Buddha folgend, in der Betrachtung »des Dhamma in den Dhammas« weilen, stellen wir fest, dass alle Phänomene, denen wir begegnen – seien es Gegenstände, Gefühle, Wahrnehmungen, sonstige geistige Vorgänge oder das Bewusstsein –, ins Sein treten, verweilen und dann vergehen. Das bedeutet aber, dass die sogenannten Fesseln – jene tief eingefleischten Gewohnheiten des unerleuchteten Geistes, die uns an eine unbefriedigende Inkarnation nach der anderen binden – ebenfalls vergänglich sind. Bei entsprechendem Einsatz können wir diese Fesseln, wie Gier, Hass und den Glauben an die Existenz eines permanenten Ichs, einer Seele, erkennen und dann abstreifen. Im Grunde verläuft der Pfad des Dhamma sehr geradlinig. Unserem Verständnis der Lehren des Buddha folgend, legen wir unsere schädlichen Gewohnheiten eine nach der anderen ab und bilden neue Gewohnheiten aus, die uns wirklich nützen. Irgendwann fallen dann die letzten Fesseln ab, und wir sind von allen Leiden befreit.

Wie können wir nun in die Achtsamkeitsmeditation einsteigen? Ich empfehle immer die Meditation der Sammlung auf den Atem als besten Einstieg in die Achtsamkeitsschulung. In *Die Praxis der Achtsamkeit* habe ich die Grundlagen der Atemmeditation und andere Grundelemente der Achtsamkeitspraxis dargestellt. Anleitungen zur Meditation im Sitzen und im Gehen finden Sie im vorliegenden Buch in den Kapiteln über die Körper-Achtsamkeit. In dem an diese Einleitung anschließenden Abschnitt gebe ich Anregungen für die Einbindung des Suttas über die vier Grundlagen der Achtsamkeit in Ihre tägliche Praxis.

Meditation spricht viele Menschen an, weil sie so entspannend wirkt, Stress abbaut, Schmerzen lindert und überhaupt für Körper und Geist gut ist, aber im Zusammenhang mit den vier Grundlagen haben wir noch andere Ziele im Sinn. Wenn wir regelmäßig und engagiert üben, können wir uns auf fünf wichtige spirituelle Wirkungen freuen:

Durch Meditation wird uns voll bewusst, was hier und jetzt gerade in Körper und Geist vor sich geht. Allzu oft schlafwandeln wir eher durch unseren Tag und hängen Erinnerungen nach oder spinnen Tagträume über die Zukunft. Achtsamkeit zerteilt diese Nebel und erneuert unsere Ausrichtung auf den gegenwärtigen Augenblick.

In dieser neuen Ausrichtung können wir klarer beurteilen, ob das, was wir sagen und tun, geeignet und zweckdienlich ist. In der Folge treffen wir klügere und zuträglichere Entscheidungen.

Meditation erzieht uns dazu, unseren Körper, unsere Gefühle, unsere Wahrnehmungen, unsere Gedanken und unser Bewusstsein genau so zu erleben, wie sie Augenblick für Augenblick tatsächlich sind. Wenn wir unser Leben positiv verändern möchten, ist es wichtig, dass wir uns erst einmal ganz klar sehen.

Umso mehr wir in die Praxis eintauchen, desto mehr nehmen wir die Welt ringsum so wahr, wie sie tatsächlich ist, unentstellt. Wir erkennen, dass alles mit allem zusammenhängt und dass alles sich ständig ändert, wir auch. Und eben weil alles in Veränderung begriffen ist, kann uns nichts dauerhaft befriedigen, kein Mensch, kein Ort, keine Dinge, keine Umstände.

So kommen wir schließlich dazu, uns ganz der kontemplativen Betrachtung oder Meditation zu widmen, einfach weil wir erkennen, dass dauerhaftes Glück und anhaltender Frieden nur zu finden sind, wenn wir dem Vorbild des Buddha folgen.

Um es auf einen kurzen Nenner zu bringen: Einsichtsmeditation trainiert den Geist, vierundzwanzig Stunden am Tag bewusst zu sein. In dieser neuen Klarheit nehmen wir äußere Dinge zunehmend als weniger fest wahr – weniger fest, als unsere Sinne uns suggerieren. Schließlich wird uns bewusst, dass sie nur so real sind wie eine Fata Morgana in der Wüste. So erkennen wir auch, dass unsere Gedanken und Gefühle einfach ein ständiges Fließen sind, so »beständig« wie Seifenblasen. Bewusstheit befreit uns von dem Verlangen, uns an Dinge und Menschen zu klammern und zu meinen, sie gehörten uns. Wir sehen dann auch den eigenen Körper und Geist nicht länger als etwas Feststehendes und Unveränderliches, im Sinne von: »Das bin ich«, oder: »Das ist mein Ich.«

Die Lehre der vier Grundlagen der Achtsamkeit ist überaus wirkungsvoll. Der Buddha selbst sagte, wer seine Anweisungen genau befolge, ohne etwas hinzuzufügen oder wegzulassen, könne in diesem Leben, ja sogar innerhalb einer Woche Erleuchtung finden, die endgültige Befreiung von allen Leiden.

Das ist sicherlich ein erstaunliches Versprechen, aber keineswegs abwegig. Stellen Sie sich vor, wie klar Ihr Geist wäre, wenn Sie nur einen einzigen Tag lang vom Morgen bis zum Abend ununterbrochen achtsam wären. Und dann stellen Sie sich vor, wie klar Sie nach zwei Tagen, nach drei, nach vier Tagen wären. Wenn wir ununterbrochen achtsam bleiben, fallen uns die sinnvollsten Entscheidungen nur so zu. Der Geist wird klar und lichtvoll. Jeder Tag, an dem wir Achtsamkeit üben, bringt uns der Freiheit ein Stückchen näher.

Das Sutta über die vier Grundlagen der Achtsamkeit

BEVOR WIR DIE vier Grundlagen im Einzelnen betrachten, wollen wir uns einen Überblick über das verschaffen, was uns erwartet. Die Lehre von den vier Grundlagen ist, wie ich bereits erwähnt habe, in einer Lehrrede des Buddha enthalten, die wir unter dem Titel *Satipatthana-Sutta* kennen. Dieses Sutta werde ich Ihnen im Folgenden in zusammenfassender Übersetzung vorstellen. Um den Text für Sie nachvollziehbar zu gliedern, habe ich Zwischenüberschriften eingefügt, die der ursprüngliche Text nicht aufweist.

Während der Lektüre dieses Buches dürfte es für Sie sinnvoll sein, immer wieder einen Blick auf den Text des Suttas zu werfen, um sich zu vergewissern, was schon behandelt worden ist und was noch aussteht. Versuchen Sie, das Sutta bei diesen Gelegenheiten laut zu lesen. Es ist sehr hilfreich für Ihre Praxis, die Worte des Buddha so zu hören, als seien sie speziell an Sie gerichtet – was sie natürlich auch sind!

Ein Rat noch: Lesen Sie dieses Buch nicht wie einen erzählenden Text, und studieren Sie es nicht wie ein wissenschaftliches Lehrbuch. Nehmen Sie die Lehren des Buddha eher wie große Musik auf, und vor allem: Üben Sie! Ihr Verständnis wird sich mit zunehmender Erfahrung vertiefen, und dann wird der Dhamma etwas Lebendiges für Sie werden. Die Achtsamkeitspraxis verlangt erst einmal viel Einsatz, aber irgendwann wird sie Ihnen zur zweiten Natur.

Eine Achtsamkeitsübung für alle Tage

Falls Sie bereits meditieren oder dieses Buch in Ihnen den Wunsch weckt, damit zu beginnen, können Sie das Lesen des Satipatthana-Sutta zum Bestandteil Ihrer Meditationssitzung machen. Ich empfehle immer, dass man seine Meditation mit Gedanken der Herzensgüte für Eltern, Lehrer, Verwandte, Freunde, Feinde und letztlich für alle Lebewesen einleitet. Dieser Beginn einer Meditation unterstützt Ihre Konzentration und verhindert, dass währenddessen Groll in Ihnen hochkommt.

Bevor Sie dann Ihre Aufmerksamkeit dem Atem beziehungsweise Ihrem jeweiligen Meditationsobjekt zuwenden, können Sie, falls Sie es als förderlich empfinden, die folgende Kurzfassung des Sutta-Texts vorlesen, rezitieren oder auch singen. Sprechen Sie die Worte langsam, damit Sie Zeit haben, sich innerlich zu vergegenwärtigen, was Sie bereits gelernt und verstanden haben. Sollten Sie dabei auf Stellen stoßen, die Sie nicht verstehen, nehmen Sie sich vor, die entsprechenden Seiten im Buch noch einmal zu lesen oder jemanden zu fragen, der auf diesem Weg schon weiter fortgeschritten ist. Wenn Sie das Sutta jeden Tag lesen und sich innerlich vergegenwärtigen, wird Ihnen der gesamte Ablauf der Achtsamkeitspraxis irgendwann ganz selbstverständlich präsent sein.

Satipatthana Sutta – das Sutta über die vier Grundlagen der Achtsamkeit

Ihr Bhikkhus, dies ist der direkte Pfad der Läuterung für alle Lebewesen,
der Pfad der Überwindung von Kummer und Klagen,
der Pfad des Verschwindens von Schmerz und Gram,
der Pfad zum Erlangen des wahren Weges
zur Verwirklichung des Nibbana – ich meine die vier Grundlagen der Achtsamkeit.

1. Körper-Achtsamkeit
Achtsamkeit auf den Atem.
Achtsamkeit auf die vier Haltungen: Gehen, Stehen, Sitzen und Liegen.
Achtsamkeit mit klarem Begreifen des Förderlichen, des Angemessenen, der Domäne des Meditierenden, der Nicht-Verblendung.
Betrachtung der zweiunddreißig Bestandteile des Körpers.
Analyse der vier Elemente.
Die neun Leichenplatz-Betrachtungen.

2. Gefühls-Achtsamkeit
Angenehme, schmerzhafte und weder angenehme noch schmerzhafte Gefühle weltlicher und spiritueller Art.
Wahrnehmung ihres Entstehens, ihres Verweilens und ihres Verschwindens.

3. Geist-Achtsamkeit
Den Geist erkennen als:
gierig oder nicht gierig,
hasserfüllt oder nicht hasserfüllt,
verblendet oder nicht verblendet,
auf sich gelenkt oder abgelenkt,
nicht entwickelt oder entwickelt,
nicht erhaben oder erhaben,
nicht konzentriert oder konzentriert,
nicht befreit oder befreit.
Bewusstsein seines Entstehens, Verweilens und Verschwindens.

4. Dhamma-Achtsamkeit
DIE FÜNF GEISTIGEN HINDERNISSE
Sinnliches Verlangen, Übelwollen, Trägheit und Stumpfheit, Unruhe und Sorgen, skeptischer Zweifel.
Bewusstsein ihres Ursprungs, ihres Erscheinens und ihres Verschwindens.

DIE FÜNF ANHÄUFUNGEN
Materielle Form, Gefühle, Wahrnehmungen,
geistige Formkräfte und Bewusstsein.
Bewusstsein ihrer Entstehung, Manifestation und Auflösung.

DIE SECHS INNEREN UND ÄUSSEREN SINNESGRUNDLAGEN
Augen und sichtbare Dinge, Ohren und Laute, Nase und Gerüche,
Zunge und Geschmack, Körper und berührbare Dinge, Geist und
Geist-Objekte.
Das Wissen um sie und ihre Entstehung sowie ihre Preisgabe, sodass künftig keine neuen Fesseln durch sie entstehen können.

DIE SIEBEN FAKTOREN DER ERLEUCHTUNG
Achtsamkeit, Erforschung des Dhamma, Energie,
Freude, Stille, Konzentration und Gleichmut.
Wissen um ihr Vorhandensein, ihre Entstehung und Entwicklung.

DIE VIER EDLEN WAHRHEITEN
Leid, sein Ursprung, seine Beendigung
und der Pfad, der zur Beendigung aller Leiden führt.

DER EDLE ACHTFACHE PFAD
Rechtes Verständnis, rechtes Denken, rechte Rede, rechtes Handeln, rechter Lebenserwerb, rechtes Bemühen, rechte Achtsamkeit, rechte Konzentration.

Ihr Bhikkhus, wenn einer sich diese vier Grundlagen der Achtsamkeit sieben Jahre lang, ja auch nur sieben Tage lang in rechter Weise erarbeitet, darf er sich eine dieser beiden Früchte davon versprechen: entweder das endgültige Erkennen hier und jetzt oder, falls noch eine Spur von Anhaftung bleibt, den Zustand der Nicht-Wiederkehr.

Teil 1

Achtsamkeit auf den Körper

1. Der Atem

Zwanzig Jahre nach der Erleuchtung des Buddha wurde Ananda, einer der älteren Mönche, sein persönlicher Betreuer. Einmal fragte er den Buddha: »Ehrwürdiger, wenn die Leute mich fragen, ob du noch meditierst, was soll ich ihnen sagen?«
Der Buddha antwortete, er meditiere in der Tat noch.
»Welche Meditation übst du, Ehrwürdiger?«, fragte Ananda.
»Die Achtsamkeit auf den Atem«, sagte der Buddha.

ATEM-ACHTSAMKEIT ist der denkbar beste Einstieg in die Achtsamkeitsschulung. Der Atem ist unter den bewusst wahrnehmbaren körperlichen Vorgängen der stetigste und regelmäßigste. Unser Geist kann jederzeit zum Atem als dem Objekt seiner Sammlung zurückkehren, einfach weil er immer da ist. Wir müssen das Atmen nicht erst lernen, und wir brauchen nicht erst ein hohes Maß an Meditationserfahrung, um unsere Aufmerksamkeit auf den Atem zu richten. Atem ist auch Lebenskraft. Kein Organ unseres Körpers könnte ohne den Sauerstoff funktionieren, den uns der Zyklus des Ein- und Ausatmens zuführt.

Im Übrigen ist der Atem das, was uns alle verbindet. Die unzähligen Lebewesen unterscheiden sich äußerlich und in ihren Verhaltensweisen. Sie ernähren sich unterschiedlich, und ihre Nachtlager sehen sehr verschieden aus. Aber alle atmen. Buddhisten atmen nicht anders als Christen, Hindus, Sikhs, Juden, Muslime oder Zoroastrier. Reich und Arm, Kapitalisten und Sozialisten lassen sich nicht anhand ihrer Atemweise unterscheiden, Konservative und Liberale übrigens auch nicht. In der Konzentration auf den Atem wird uns sein universaler Charakter offenbar.

Auch wenn wir schon unser ganzes Leben lang geatmet haben, verstehen wir erst, was dabei eigentlich geschieht, wenn wir wirklich auf den Atem achten. Dann erst entdecken wir die vielfältigen Beziehungen zwischen dem Atem und anderen Dingen. Dies ist für unseren inneren Frieden und spirituellen Fortschritt so wichtig, dass der Buddha jedem die Atemmeditation ans Herz legte.

Auch er selbst nutzte das Achtgeben auf den Atem als den Weg zu seinem Ziel. Nach seiner Erleuchtung berichtete er von den Extremen der Selbstdisziplin, denen er sich in früheren Zeiten unterzogen hatte, zum Beispiel von ganz speziellen geheimen Atemtechniken. Er musste jedoch feststellen, dass er mit dem Anhalten des Atems und anderen Eingriffen in den natürlichen Atemrhythmus nichts gegen geistige Verunreinigungen auszurichten vermochte. Deshalb gab er diese Techniken schließlich auf und ging seinen Weg, den mittleren Weg.

Im ersten Morgengrauen jener Nacht, in der er Erleuchtung fand, fragte er sich: »Was für eine Meditation übe ich wohl jetzt am besten?« Und dann fiel ihm ein: »Ach, richtig, als Kind habe ich mich an den Atem gehalten. Das möchte ich auch jetzt wieder tun.« So richtete er sich innerlich auf seinen Atem aus, ohne ihn in irgendeiner Weise zu beeinflussen. Und nach Stunden tiefer Konzentration und unbeirrbarer Ausrichtung auf den Atem wurde ihm alles vollkommen klar. Die letzten seiner schlechten geistigen Gewohnheiten verließen ihn, und er fand Erleuchtung, die vollkommene Befreiung von allen Leiden.

Die Meditationsanleitung des Buddha

In einem der wichtigsten Suttas überhaupt legt der Buddha im Detail dar, wie Atem-Achtsamkeit zu üben ist. Er rät, sich an einen ruhigen, ungestörten Ort zu begeben, zum Beispiel in den Wald, aber es kann auch ein Haus sein, wenn es darin still genug ist. Wichtig ist, dass man allein und ungestört ist und sich für eine Weile um nichts kümmern muss. Dort, sagt der Buddha, soll man beginnen, die Achtsamkeit »vor sich« einzurichten.

Damit ist nicht gemeint, dass wir unsere Aufmerksamkeit auf das richten sollen, was sich vor uns befindet. Wir sammeln uns vielmehr auf den gegenwärtigen Augenblick. Wir können weder in der Vergangenheit noch in der Zukunft leben. Auch wenn wir uns an etwas erinnern, das früher geschah, machen wir uns klar, dass das Erinnern jetzt, in diesem Augenblick stattfindet. Der einzige Ort, an dem wir je wirklich sein können, ist der, an dem wir gerade sind; und wir können es in keiner anderen Zeit als eben jetzt sein. Deshalb entwickeln wir unsere Achtsamkeit, indem wir gerade jetzt auf den einströmenden und ausströmenden Atem achten.

Bei dieser Sammlung des Geistes auf den gegenwärtigen Augenblick, so der Buddha weiter, sitzt man in einer bequemen Haltung, der Körper soll gerade aufgerichtet, aber nicht stocksteif sein. Ich werde im nächsten Kapitel näher auf die Frage der bequemen Haltung für die Meditation im Sitzen eingehen. Jedenfalls wird die Aufmerksamkeit dann auf den Atem ausgerichtet, wie er einströmt und ausströmt, einströmt und ausströmt.

Dabei werden wir unter anderem bemerken, dass die Atemzüge mal länger und mal kürzer sind. Solche Schwankungen sind ganz natürlich. Wenn wir einen Säugling im Schlaf betrachten, sehen wir, wie das Kind eine Weile ganz regelmäßig atmet, um dann plötzlich einmal tief durchzuatmen. Anschließend setzt sich der regelmäßige Rhythmus fort.

Wenn wir lang einatmen, so erläutert der Buddha, verstehen wir: »Ich atme lang ein«, und wenn wir lang ausatmen, wissen wir: »Ich atme lang aus.« Ebenso verstehen wir, wenn wir kurz einatmen: »Ich atme kurz ein«, und wenn wir kurz ausatmen, wissen wir: »Ich atme kurz aus.« Das kann in der Art missverstanden werden, als sollten wir bewusst lang einatmen und ausatmen oder kurz einatmen und ausatmen, aber wenn wir unsere Atmung bewusst steuern, kann sie ja nicht ihrem natürlichen Rhythmus folgen. Das würde uns bald ermüden. Meditation auf den Atem ist keine Atemübung. Wir nutzen den Atem einfach als Objekt unserer Aufmerksamkeit, aber eigentlich geht es dabei um die Ausbildung unserer Achtsamkeit.

Wenn wir auf den natürlichen Rhythmus des Atems achten, wird uns bald auffallen, dass er ruhiger wird. Zugleich wird es auch im Geist stiller. Und das geschieht alles ganz natürlich. Die Achtsamkeit an sich wirkt entspannend auf den Atem, jeglicher Nachdruck schadet eher. Ein gezieltes Bemühen schafft hier nur Unruhe und lässt den Atem schneller werden. Sollte das passieren, achten wir einfach auf den schnellen Atem und vermerken die Unruhe. Dann entspannt sich der Geist, und die Unruhe legt sich von selbst.

Außerdem nehmen wir beim achtsamen Atmen wahr, dass wir jeden Atemzug deutlich fühlen. Und diese Empfindungen ändern sich mit dem Atem. Wir beobachten also den sich ändernden Atem und die wechselnden Empfindungen. Beispielsweise wird der Atem manchmal flach, dann wieder spüren wir, dass er tiefer wird. Manchmal fällt uns das Atmen leicht, dann wieder nicht so leicht. Wir verfolgen einfach diese Wechsel.

Daneben zeichnen sich weitere Gefühlsmuster einer subtileren Art ab, zum Beispiel ein Hauch von Bangigkeit und deren Lösung oder ein leichter Druck und dessen Nachlassen. Achtsamkeit macht uns darauf aufmerksam, dass wir bei gefüllter Lunge einen leichten Druck im Brustraum verspüren. Beim Ausatmen lässt dieser Druck langsam nach, aber am Ende des Ausatmens entsteht ein Hauch von Bangigkeit als Anzeichen des rasch einsetzenden Sauerstoffmangels. Dann atmen wir wieder ein, und das leicht unbehagliche oder bange Gefühl verschwindet. Das fühlt sich sehr gut an, lässt aber auch den Druck wieder ansteigen.

Um solche Schwankungen überhaupt zu bemerken, müssen wir den gesamten Atemzyklus genau verfolgen. Bald stellt sich heraus, dass diese Empfindungen gar nicht zu vermeiden sind: Einatmen ist angenehm, erhöht aber den Druck. Beim Ausatmen löst sich der Druck, und dafür stellt sich die leise Bangigkeit ein. Und schon anhand dieses harmlosen Musters können wir eine Menge lernen. Bei Anspannung ermahnen wir uns, nicht enttäuscht zu sein, und bei wohligen Gefühlen ermahnen wir uns, nicht daran anzuhaften.

Wir streben also beim Ein- und Ausatmen nach Gleichmut, nach Ausgeglichenheit des Geistes. Wir werden uns bewusst, dass unsere natürliche Vorliebe für angenehme Gefühle leicht in ein Verlangen nach Lustempfindungen abgleiten kann. Aber diese Gier nach Lust zieht immer Leiden nach sich, denn Lust ist wie alle vergänglichen Dinge: Sie ändert sich und verschwindet. In gleicher Weise werden wir uns bewusst, dass unser angeborenes Bestreben, unangenehme Gefühle zu meiden, leicht zu Ablehnung wird, die wiederum in Ärger umschlagen kann. Wir vermerken diesen Hang zu Gier und Ärger, doch dann lassen wir davon ab und kehren zur Aufmerksamkeit auf den Atem zurück.

Der Atem-Körper

Wir achten auf unsere Empfindung am Beginn, in der Mitte und am Ende des Einatmens und Ausatmens. Dieses Verfolgen des gesamten Atemzyklus wird als Achtsamkeit auf den Atem-Körper bezeichnet. Während sich der Geist mit dem Atem-Körper befasst, ist er entspannt, ebenso wie der Atem. Wenn Geist und Atem entspannt sind, gelangt auch der Körper in diesen Zustand, einfach weil die Atmung ein körperliches Geschehen ist. Wir achten auf den Atem-Körper, und das ist ein Aspekt der vom Buddha empfohlenen Achtsamkeit auf den »Körper im Körper«. Achtsamkeit lässt uns erkennen, dass Atmung und Körper nicht getrennt sind.

Die Beziehung zwischen Atmung und Körper wird uns bewusst, wenn wir, wie es von manchen Meditationslehrern empfohlen wird, auf das Heben und Senken des Bauchs beim Ein- und

Ausatmen achten. Beim Einatmen dehnt sich der Bauch aus, und beim Ausatmen zieht er sich wieder zusammen. Eigentlich ist die Bewegung der Bauchdecke jedoch ein nachgeordnetes Stadium des Hebens und Senkens im Körper, das an der Nasenspitze beginnt. Das Einatmen ist ein Heben, das Ausatmen ein Senken. Achtsamkeit offenbart uns eine Art minimale Weitung beim Einatmen und eine ebenso minimale Kontraktion, ein Sinken, beim Ausatmen. Während wir das verfolgen, spüren wir allenthalben im Körper Expansion und Kontraktion und weitere subtile Bewegungen. Es ist ja so, dass sogar Mauern atmen. Im Sommer dehnen sie sich aus, im Winter ziehen sie sich zusammen. Den Aussagen der Astrophysiker gemäß ist das gesamte Universum in Expansion und Kontraktion begriffen. Nun, um Achtsamkeit zu üben, brauchen wir nur die Bewegungen der Weitung und des Zusammenziehens in unserem Körper wahrzunehmen.

Innere und Äussere Elemente

Die Verbindung zwischen Atem und Körper können wir uns auch anhand der vier Elemente und ihrer Beziehung zum Atem vergegenwärtigen. Alle materiellen Dinge, auch der Körper, sind aus den Elementen Erde, Wasser, Luft und Hitze gefügt.

Bei der Atem-Achtsamkeit wird uns bewusst, dass das Erd-Element den Druck aufbaut und Lösung bewirkt, was die Empfindungen an der Nase, im Brustraum und im Bauch erzeugt. In gleicher Weise bemerken wir, dass sich der Atem trocken anfühlt, wenn sein Wasser-Element schwach ist, und dass wir ihn als feucht empfinden, wenn das Wasser-Element stark ist.

Die Funktionen des Elements Luft sind Bewegung und Energie. Dass wir den Atem als Bewegung wahrnehmen, liegt an seinem Luft-Element. Die Temperatur des Wassers wiederum ist Sache des Hitze-Elements. Auch dieses Element nimmt zu und ab. Ist es stark, empfinden wir den Atem als heiß, und wenn es zurückgeht, fühlt sich der Atem kühl an.

Darüber hinaus werden die Bestandteile des Körpers, also auch der Atem, unter dem Gesichtspunkt betrachtet, dass sie innerlich oder äußerlich sein können. Die im Körper wirkenden Elemente werden innerlich genannt, die außerhalb des Körpers wirkenden äußerlich. Hier könnte einem nun der Gedanke kommen, dass die von uns eingeatmete Luft innerlich ist, und wenn wir ausatmen und unser Atem sich mit der Außenluft mischt, er äußerlich ist. Wir können auch sagen, dass der innere Körper einatmet und der äußere Körper ausatmet.

Im *Maha-Rahulovada-Sutta* erläutert der Buddha, was im Hinblick auf die vier Elemente des Körpers mit »innerlich« und »äußerlich« gemeint ist. Über das Element Luft sagt der Buddha dort: »Was innerlich, also zu deinem Körper gehörend, Luft ist – nämlich aufsteigende Winde, absteigende Winde, Winde in den Gliedmaßen, Einatmung und Ausatmung –, das bezeichnen wir als das innerliche Luft-Element.«

Weiterhin sagt der Buddha: »Das innerliche Luft-Element und das äußerliche Luft-Element sind beide einfach das Element Luft.« Diese Erkenntnis ist deshalb wichtig, weil wir dazu neigen, uns an Dinge zu klammern und sie als zu uns gehörig zu betrachten. Aber in der »rechten Betrachtung« offenbart sich uns, dass auch die Luft, die wir einatmen, die innerliche Luft, »nicht mein ist. Ich bin nicht die Luft, und sie ist nicht mein Ich. Wenn man es sieht, wie es tatsächlich ist, so fühlt man sich ernüchtert, was das Luft-Element angeht, und lässt den Geist eine leidenschaftslose Haltung ihm gegenüber einnehmen.«

Weiterhin erwähnt der Buddha, dass das äußerliche Luft-Element von Zeit zu Zeit in einen Zustand des Aufruhrs gerät. Es »verwüstet ganze Weiler, Ortschaften, große Städte, Landstriche und Länder«, wie wir es von schweren Stürmen und Tornados kennen. Dann wieder, etwa im letzten Monat der heißen Trockenzeit in Indien, »lechzen die Menschen nach Wind und fächeln sich

Luft zu, und nicht einmal die überstehenden Halme der Strohdächer regen sich«. Solche jahreszeitlich und anderweitig bedingten Schwankungen im Verhalten des Elements Luft erleben wir alle, und sie sorgen dafür, dass das Luft-Element, »so groß es auch sein mag, als vergänglich erkannt wird, es wandelt sich, es schwindet, es geht unter«. Das Gleiche gilt für die Elemente Erde, Wasser und Hitze, im Körper und außerhalb. Da dem so ist, fragt der Buddha weiter: »Und wie ist es um diesen Körper bestellt, an den sich das Begehren klammert und der doch für nur ein Weilchen existiert?« Der Körper besteht aus den vier Elementen, und diese verändern sich, werden zerstört oder vergehen. Deshalb, so schließt der Buddha, kann man nichts davon als »*Ich* oder *mein* oder *Ich-bin*« betrachten.

Der Atem und die Anhäufungen

Wie wir an diesen Ausführungen zu den vier Elementen des Atems erkennen, ist die Atem-Achtsamkeit unter etlichen wichtigen Gesichtspunkten aufschlussreich. Wenn wir dem Buddha folgen und den Atem zur Erkundung unserer körperlich-geistigen Ganzheit nutzen, erkennen wir zahlreiche ganz wesentliche Einzelheiten des Dhamma. »Alle Dhammas erschließen sich der Aufmerksamkeit«, erläutert der Buddha dazu. Und einer der Aufschlüsse, die wir gewinnen, betrifft die sogenannten fünf »Anhäufungen« oder »Daseinsgruppen« *(Khandha)*, wie die Hauptbestandteile von Körper und Geist traditionell genannt werden: Form, Gefühl, Wahrnehmung, Denken und Bewusstsein.

Betrachten wir die fünf Anhäufungen kurz in ihrer Bedeutung für den Atem. Der Atem-Körper und alle anderen materiellen Dinge einschließlich des physischen Körpers gehören zur Anhäufung der Form. Wir bereits erwähnt, spüren wir die Berührung des Atems an der Nase, in der Lunge und im Bauch, weil der Atem so etwas wie Form oder Gestalt besitzt. Und diese Form ändert sich ständig, was sich deutlich zeigt, wenn wir uns auf die Nase oder den Bauch konzentrieren.

Die übrigen vier Anhäufungen erfassen unsere geistige Erfahrung. Mit der Anhäufung des Fühlens sind unsere Atem-Empfindungen und die damit verbundenen Gefühlsregungen angesprochen. Die subtile Bangigkeit am Ende des Ausatmens, wenn der Sauerstoffmangel einsetzt, und die Erleichterung beim erneuten Einatmen gehören hierzu. Die nächste Anhäufung ist die Wahrnehmung: Wir können den Atem nur deshalb als Meditationsobjekt nutzen, weil unser Geist ihn wahrnimmt.

Zur Anhäufung des Denkens oder der geistigen Faktoren zählt alles, was sonst noch in unserem Geist vorgeht, beispielsweise Ideen, Meinungen und Entscheidungen. Beispiele hierfür sind der Gedanke »Dies ist die Empfindung des Atmens« und der Entschluss, auf den Atem zu achten. Die Anhäufung des Bewusstseins schließlich ist die Grundlage unserer gesamten geistigen Erfahrung. Veränderungen in den übrigen vier Anhäufungen nehmen wir aufgrund unseres Bewusstseins wahr. Doch auch das Bewusstsein ändert sich mit der Form des Atems, mit unseren Gefühlen, Wahrnehmungen und Gedanken beim Atmen.

Im Sutta über die Achtsamkeit auf den Atem hören wir vom Buddha: »Achtsam der Vergänglichkeit eingedenk atmest du ein, und der Vergänglichkeit eingedenk atmest du aus. Achtsam der Leidenschaftslosigkeit eingedenk atmest du ein, und der Leidenschaftslosigkeit eingedenk atmest du aus. Achtsam des Aufhörens eingedenk atmest du ein, und des Aufhörens eingedenk atmest du aus. Achtsam der Entsagung eingedenk atmest du ein, und der Entsagung eingedenk atmest du aus.« Wenn wir diese Worte auf die fünf Anhäufungen des Atmens anwenden, stellen wir an jeder von ihnen drei Phasen fest: die Phase der Bildung, die Phase des Andauerns und die Phase des Vergehens. Alle Dinge unterliegen diesen drei Phasen, und der Zyklus endet nie. Vergänglichkeit liegt in ihrer Natur. Formen, Gefühle, Wahrnehmungen, Gedanken und sogar das Bewusstsein selbst, sie bleiben nicht, wie sie sind.

Sie verschwinden spurlos. Wenn sie einmal weg sind, dann für immer, und immer wieder erscheinen neue Formen, Gefühle, Wahrnehmungen und Gedanken, neues Bewusstsein. Das Beobachten dieser Veränderungen lässt uns gelassener werden, und es fällt uns dann nicht mehr so schwer, von der Gewohnheit des Anhaftens an Körper und Geist abzulassen.

GEDULD UND FREUDE

Im nächsten Abschnitt möchte ich Ihnen eine Grundtechnik vorstellen, mit der Sie die Meditation der Atem-Achtsamkeit aufnehmen können. Nehmen Sie sich bitte Zeit dafür. Seien Sie möglichst nicht ungeduldig, versuchen Sie nicht, schnellstmöglich zu neuen Erfahrungen zu kommen. Lassen Sie den Dingen ihren natürlichen Lauf.

Heutzutage sind wir gut darin, die Dinge schneller zu bewerkstelligen. Computer, E-Mail, Handy, das alles dient der Schnelligkeit. Wir haben Waschmaschinen und Trockner und Brotbackautomaten und Kaffeemaschinen. Mit denen spart man Zeit. Aber viele Menschen finden trotzdem keine Zeit, mal zu lächeln. Sie haben nicht die Zeit, Freude ganz natürlich entstehen zu lassen.

Einmal wollte mich jemand fotografieren und forderte mich auf, ganz entspannt und natürlich zu sein. Als er abdrücken wollte, sagte er: »Lächeln, Bhante.«

Ich erwiderte: »Erst soll ich natürlich sein, jetzt soll ich lächeln. Was denn nun, natürlich sein oder lächeln?«

Wenn etwas komisch ist, lächeln wir ganz von selbst. Wir lächeln auch, wenn Stress, Spannung und Angst von uns abfallen. Das Gesicht wird ruhig und friedvoll, und wenn wir dann von Herzen lächeln, werden nicht unbedingt die Zähne sichtbar. Dieses Lächeln muss der Buddha ständig im Gesicht gehabt haben.

Wenn wir eine Weile die Achtsamkeit auf den Atem geübt und erste Erfahrungen gesammelt haben, überwinden wir nach und nach die Störungen unserer Konzentration, beispielsweise Schläfrigkeit oder Unruhe. Und mit tiefer werdender Konzentration beginnen wir vom Herzen her zu lächeln. Wie es dazu kommt, ist schnell erklärt. Der Atem gehört, wie wir gesehen haben, zum Körper. Wenn wir entspannt atmen, entspannt sich auch der Körper. Der Atem ist frei von Gier, Hass, Verblendung und Angst, und wenn sich der Geist dem Atem anschließt, wird auch er zeitweilig frei von Gier, Hass, Verblendung und Angst. Den Atem lassen und einatmen. Den Atem lassen und ausatmen. Da entsteht ganz von selbst Freude.

Bei jedem noch so kleinen Schritt der Meditation gewinnen Sie ein wenig mehr Einsicht. Üben Sie geduldig. Übereilen Sie nichts. Lassen Sie die Einsichten von selbst kommen. Denken wir zum Vergleich an eine ungeduldige Henne, die ein paar Eier gelegt hat. Sie ist so sehr auf den Anblick von Küken versessen, dass sie die Eier ständig wendet und von allen Seiten begutachtet. Handelt sie auf diese Weise, sind aber keine Küken zu erwarten. Eine andere Henne legt ebenfalls Eier und brütet sie geduldig. Dann bilden sich Küken heran, die irgendwann die Eierschale mit ihren kleinen Schnäbeln aufpicken und schlüpfen. Diese Glucke wird genau das zu sehen bekommen, was sie sich wünschte.

Grundtechniken der Atemmeditation

- ▶ Suchen Sie sich einen ruhigen Platz, an dem Sie eine Weile allein und ungestört sein können.
- ▶ Bleiben Sie mit Ihrer Aufmerksamkeit beim gegenwärtigen Augenblick.
- ▶ Nehmen Sie eine bequeme Sitzhaltung ein, in der Ihr Oberkörper entspannt aufrecht bleiben kann, gerade, aber nicht verkrampft.
- ▶ Legen Sie die Hände mit der Handfläche nach oben im Schoß ab, die linke Hand unter die rechte. Die Daumenkuppen berühren sich leicht.

- Die Augen können Sie halb oder ganz schließen.
- Sammeln Sie sich auf den ein- und ausströmenden Atem.
- Das Zählen kann dazu dienen, Ihre Aufmerksamkeit zu vertiefen:
  Atmen Sie ein und aus. Zählen Sie innerlich »eins«.
  Atmen Sie ein und aus. Zählen Sie innerlich »zwei«.
  Atmen Sie ein und aus. Zählen Sie innerlich »drei«.
  Setzen Sie das fort bis »zehn«.
  Danach wieder rückwärts:
  Atmen Sie ein und aus. Zählen Sie innerlich »zehn«.
  Atmen Sie ein und aus. Zählen Sie innerlich »neun«.
  Atmen Sie ein und aus. Zählen Sie innerlich »acht«.
  Und so weiter bis »eins«.
- Wenn Sie mit dieser Zählung einmal durch sind, wenden Sie sich Ihrem gewählten Meditationsobjekt zu: dem Atem, dem Fühlen, dem Denken, dem Heben und Senken oder dem Bewusstsein.
- Sollten Unruhe, Gemütserregung oder Zweifel auftreten, verstärken Sie die Ablenkung nicht dadurch, dass Sie sich auf sie einlassen. Sagen Sie sich lieber: »Ich will mich auf meinen Ausgangspunkt besinnen. Ich bin vom Atem ausgegangen. Der ist nicht schwer zu finden.« Atmen Sie ein paar Mal energisch durch, und verweilen Sie dann wieder beim Atem in seinem natürlichen Rhythmus.
- Sollte Ihr Geist abschweifen, lassen Sie sich dadurch nicht verunsichern. Wenn Sie einfach nur bemerken, dass Sie Gedanken, Tagträumen oder sorgenvollen Gedanken nachhängen, ist das eine Leistung, auf die Sie stolz sein dürfen. Dann führen Sie Ihre Aufmerksamkeit sanft, aber entschieden zum Atem zurück. Beim nächsten Mal machen Sie es wieder so und beim übernächsten und überübernächsten ebenfalls.
- Wenn Sie merken, dass Sie dumpf oder schläfrig werden, konzentrieren Sie sich mit etwas mehr Nachdruck auf die mechanischen Empfindungen beim Ein- und Ausatmen. Sollte das

nicht helfen, stehen Sie auf und meditieren eine Weile im Stehen oder Gehen. Zu diesen beiden Meditationshaltungen finden Sie im nächsten Kapitel Näheres.

- Sollten sich Schmerzen einstellen, versuchen Sie zunächst erst einmal, ob Sie die Ursache abstellen können. Lockern Sie Ihre Kleidung und überprüfen Sie Ihre Haltung; achten Sie darauf, dass Sie nicht in sich zusammensinken. Sie können auch zu einer einfacheren Haltung wechseln, die Beschreibung hierzu finden Sie ebenfalls im nächsten Kapitel. Helfen diese Mittel nicht weiter, machen Sie die Schmerzempfindung selbst zu Ihrem Meditationsobjekt. Beobachten Sie die Empfindung, verfolgen Sie ihre Veränderungen.
- Sollten Sie Fragen haben, wenden Sie sich an jemanden, der mehr Erfahrung besitzt. Erinnern Sie sich auch daran, dass schon Millionen von Menschen mithilfe dieser Praxis Klarheit und inneren Frieden gefunden haben.
- Bleiben Sie geduldig bei Ihrer Übung.

2. Die vier Haltungen des Körpers

Eine ganze Nacht lang übte der Ehrwürdige Ananda die vier Grundlagen der Achtsamkeit. Seine Achtsamkeit war rein, scharf und kraftvoll, und so erkannte er deutlich, dass jeder Teil seines Körpers, jede kleinste Bewegung, jedes Gefühl, jede Wahrnehmung, jeder Gedanke und sogar das Bewusstsein selbst vergänglich, unbefriedigend und ohne ein Ich sind.
Im Morgengrauen, als er sich niederlegen wollte und einen Fuß hob, fand er im selben Augenblick Erleuchtung.
Kein Zweifel, wenn der Geist vollkommen klar und die Achtsamkeit stark ist, kann man ganz schnell Erleuchtung finden, sogar beim Heben eines Fußes.

WIR WERDEN ACHTSAM, wenn wir einem beliebigen Körperteil unsere vollkommene Aufmerksamkeit zuwenden. Wir haben bereits gesehen, wie wir durch Achtsamkeit auf den Atem ruhiger werden, Frieden finden und wertvolle Einblicke in die Botschaft des Buddha bekommen. Das Gleiche gilt für die Konzentration auf die Haltungen und Bewegungen des Körpers.

Im Sutta über die vier Grundlagen der Achtsamkeit erläutert der Buddha, wie die Ausrichtung auf die sogenannten vier Grundhaltungen des Körpers – Sitzen, Stehen, Gehen und Liegen – unsere bewusste Wahrnehmung vertieft. Von der Meditation im Sitzen und im Gehen ist viel die Rede, weniger dagegen vom Stehen und Liegen. Da alle Haltungen gleich wichtig sind, zählt der Buddha in seinen Anleitungen zur Achtsamkeitspraxis immer alle vier auf.

Ananda ist nicht der einzige Schüler des Buddha, der durch die Achtsamkeit auf Bewegungen des Körpers Erleuchtung fand. Der Ehrwürdige Cakkhupala, ebenfalls ein Anhänger des Buddha, fand beim achtsamen Gehen Erleuchtung. Das Gehen als Achtsamkeitsmeditation ist weiter hinten in diesem Kapitel eingehend beschrieben. Fangen wir aber mit der Achtsamkeit im Sitzen an.

Sitzen

Wenn wir uns zur Meditation hinsetzen, nehmen wir unsere Haltung ein und überprüfen innerlich kurz den Körperumriss: Ist der Oberkörper gerade und aufrecht? Der Körper soll jedoch nie starr, sondern immer entspannt sein. Die Hände liegen mit den Handflächen nach oben locker im Schoß, die rechte über der linken, wobei sich die Daumenkuppen berühren. Die Augen sind geschlossen oder bleiben halb geöffnet, insbesondere wenn Sie dazu neigen einzuschlafen.

Sehen Sie jetzt zu, welche Haltung für Sie am besten geeignet ist.

Volle Lotoshaltung. Das Sutta über die vier Grundlagen der Achtsamkeit erwähnt einzig die volle Lotoshaltung. Hier liegen beide Knie auf dem Boden auf, und die Unterschenkel liegen so über Kreuz, dass der linke Fuß auf dem rechten Oberschenkel ruht und der rechte Fuß auf dem linken Oberschenkel. Dabei weisen die Fußsohlen zwangsläufig nach oben wie die Blütenblätter eines Lotos.

In dieser Haltung, wenn sie korrekt eingenommen wird, sitzt der Körper sehr stabil. Die Wirbelsäule ist gerade, die Lunge kann sich ungehindert dehnen und zusammenziehen. Das Blut kann zumindest im Bereich oberhalb der Hüften frei zirkulieren. Beim entspannten Sitzen schlafen wir normalerweise leicht ein, doch diese Gefahr ist in der vollen Lotoshaltung weniger gegeben, da der Körper stabil aufrecht bleibt.

Für die meisten Menschen ist die volle Lotoshaltung nicht ohne Mühe einzunehmen. Nun ist es aber so, dass alles, was wir neu erlernen, uns erst einmal schwierig erscheint. Beim Fahrradfahren verhielt es sich so, dass es uns erst nach etlichen Fehlversuchen gelang. Aber wenn wir dranbleiben und jeden Tag neue Anläufe machen, haben wir den Bogen irgendwann heraus. Sie können sich an die volle Lotoshaltung gewöhnen, wenn Sie diese jeden Tag eine Minute lang versuchen und diese Übung über etliche Tage fortsetzen. Es wird vielleicht nicht ohne Schmerzen abgehen. Irgendwann werden Sie Ihre Sitzzeit auf zwei, dann drei Minuten und danach immer weiter ausdehnen können. Erwarten Sie nicht, dass Ihre Haltung von Anfang an perfekt ist.

Ich habe viele Jahre lang in der unten beschriebenen halben Lotoshaltung gesessen. Mit fünfundsechzig kam mir plötzlich der Gedanke: »Jetzt versuche ich es mal mit dem vollen Lotos.« Es war mir nur fünf Minuten lang möglich und tat gemein weh! Ich sah förmlich vor mir, wie sich das Blut in meinen Beinen staute, bis alles schwarz vom Brand war und man mir die Beine amputieren musste … Kaum bemerkte ich diese Gedanken, wechselte ich schnellstens zurück zur halben Lotoshaltung, aber am nächsten Tag musste ich es doch wieder probieren. Diesmal konnte ich schon acht Minuten sitzen, bevor der Schmerz einsetzte. Nach zehn Minuten wurde er unerträglich. Ich änderte meine Haltung aber nicht sofort, sondern hielt noch ein klein wenig durch. Um es kurz zu machen: Ich hatte fünfundvierzig Jahre in der halben Lotoshaltung meditiert und brauchte jetzt nur drei Wochen, um eine halbe Stunde in der vollen Lotoshaltung sitzen zu können.

Die meisten gesunden Menschen können mit etwas Beharrlichkeit lernen, in der vollen Lotoshaltung zu sitzen. Sollten Sie jedoch körperliche Probleme haben, dann zwingen Sie sich bitte nicht dazu.

Halbe Lotoshaltung. Auch in dieser Haltung berühren beide Knie den Boden, wobei ein Unterschenkel samt Fuß flach am Boden bleibt. Der andere Fuß liegt mit der Fußsohle nach oben auf dem gegenüberliegenden Oberschenkel. Viele können diese Haltung ohne Weiteres erlernen, wenn sie wie im vorigen Abschnitt beschrieben schrittweise vorgehen.

Burmesische Haltung. In dieser Haltung bleiben beide Unterschenkel flach am Boden liegen, und zwar parallel, auch die Füße liegen nicht übereinander. Das ist eine durchaus bequeme Haltung, die die meisten ohne allzu große Schwierigkeiten erlernen können.

Schneidersitz. Hier liegt der rechte Fuß unter dem linken Knie und der linke Fuß unter dem rechten Knie. Die meisten können für einige Zeit ohne Mühe in dieser Haltung sitzen.

Sitzen auf dem Meditationsbänkchen. Wenn keine der bisherigen Haltungen bequem für Sie ist, können Sie kniend auf einem Meditationsbänkchen sitzen. Dabei bleiben die Beine natürlich parallel, und die Unterschenkel liegen unter der Sitzfläche. Das Angenehme an dieser Sitzhilfe ist, dass die Füße keinem Druck ausgesetzt sind.

Auf einem Stuhl sitzen. Für manche Menschen sind alle bisher besprochenen Haltungen zu unangenehm. Sie können sich auf einen Stuhl setzen, wobei darauf zu achten ist, dass die Füße flach und nah beieinander auf dem Boden stehen. Halten Sie den Rücken gerade und lehnen Sie sich nicht an.

ACHTSAMKEIT BEIM SITZEN

Bei der Meditation im Sitzen machen wir uns bewusst, wie sich die von uns gewählte Haltung anfühlt und wie sich dieses Gefühl mit der Zeit ändert. Tatsächlich setzen die Veränderungen bereits mit dem Kontakt zum Kissen, zur Bank oder zum Stuhl ein. Wann immer der Körper etwas berührt, spüren wir diesen Kontakt. Wir unterscheiden anhand der Berührung sofort die Härte oder Weichheit der Sitzfläche. Hart und weich sind Eigenschaften des Elements Erde. Das vom Kontakt mit der Sitzfläche vermittelte Gefühl ist im Allgemeinen erst einmal angenehm. Das kann sich aber mit der Zeit ändern: von angenehm zu neutral zu unangenehm und sogar schmerzhaft.

Wir beobachten das. Dann fällt uns auf, dass niemand diese Veränderungen herbeiführt. Sie treten von selbst ein. Der Geist möchte einfach in Ruhe und Frieden sein und dem Lauf unserer Meditation folgen. Dennoch ändern sich die mit unserer Sitzhaltung verbundenen Empfindungen. Wir vermerken diese Veränderungen, und so wird uns wiederum klar, dass die vier Elemente so veränderlich und vergänglich sind wie unsere Gefühle und Wahrnehmungen.

Wenn wir eine Weile gesessen haben, spüren wir die Wärme am Gesäß und an den Oberschenkeln. Sie strahlt ab und erwärmt die Sitzunterlage. Es dauert nicht lange, bis sich die Wärmeempfindung auf den ganzen Körper ausdehnt. Diese Beobachtung macht uns auf das Hitze-Element aufmerksam. An heißen Tagen bricht uns vielleicht der Schweiß aus, wodurch die Verbindung zum Wasser-Element des Körpers hergestellt wird, dem wir sodann unsere Achtsamkeit zuwenden. Natürlich nehmen wir auch die mit der Atmung verbundenen Bewegungen wahr, etwa das Heben und Senken von Brust und Bauch. Mitunter spüren wir auch die Bewegungen von Darmwinden, die wie das Atmen das Luft-Element zum Gegenstand unserer Achtsamkeit machen.

Um die einmal gewählte Sitzposition beizubehalten, setzen wir geistige Kräfte ein, die sich ganz selbstverständlich aus unserem Wissen über die Wandelbarkeit sämtlicher Dinge ergeben. Bleibt diese Energie aus, sinken wir in uns zusammen, schlafen ein oder verlieren die Balance. Wir verfolgen dies achtsam und bemühen uns, weder Anstoß daran zu nehmen noch enttäuscht zu sein. Wir meiden Gedanken wie diese: »Wie soll ich denn meditieren, wenn es so wehtut?« oder »In der vollen Lotoshaltung sitzen, das schaffe ich nie!«

Wir behalten auch die fünf Anhäufungen im Sinn. Der Körper ist die Anhäufung der Form. Die Empfindungen des Kontakts mit der Sitzfläche gehören zur Anhäufung des Fühlens. Unser Geist registriert Veränderungen, die auf die Anhäufung der Wahrnehmung zurückzuführen sind. Aufkommende Gedanken über das Sitzen, den Körper, den Kontakt, die Empfindungen und Wahrnehmungen kommen – ebenso wie unsere Aufmerksamkeit auf alles, was sich abspielt – von der Anhäufung des Denkens. Und dass uns all das überhaupt bewusst werden kann, liegt in der Anhäufung des Bewusstseins begründet.

Auch das Zusammenwirken der Anhäufungen wird uns bewusst. Wenn sich unsere Haltung ändert, ergeben sich auch für unser Fühlen, unsere Wahrnehmung, unser Denken und unser Bewusstsein Veränderungen. Diese Veränderungen gehen aber nicht von etwas dauerhaft Existierendem aus. Die Anhäufungen verändern sich aufgrund ihrer gegenseitigen Abhängigkeit, nicht von sich aus oder weil *ich* Veränderungen initiiert hätte.

Um Veränderungen in ihrem drei Schritte umfassenden Verlauf – Entstehen, Bestehen und Vergehen – zu beobachten, muss der Geist nicht unbedingt bei der Betrachtung eines einzigen Objekts bleiben. Achtsamkeit und Konzentration können im Verbund etliche simultane Veränderungen verfolgen. Tiefe Achtsamkeit lässt die Natur dieser Veränderungen klar hervortreten. Die Meditation im Sitzen eignet sich am besten für die Gewinnung solcher Erkenntnisse.

Stehen

Wir können unsere im Sitzen begonnene Meditation durchaus stehend fortsetzen. Wir stehen langsam und achtsam auf. Wir vermerken, dass unser Entschluss genügend Energie erzeugt, um den Körper vom Sitzen in den Stand zu bringen. Wenn wir dann stehen, entspannen wir den Körper und auch die Hände. Die Füße stehen parallel, und wir halten den Körper so aufrecht wie in der Sitzhaltung. Wir atmen achtsam. Wir nehmen wahr, wie sich diese Haltung anfühlt, wir spüren den Kontakt der Füße mit dem Boden. Wir halten den Körper ruhig und achten darauf, dass er nicht schwankt. Wir nehmen Atem, Gefühle und Bewusstsein entspannt wahr.

Wir verfolgen, wie sich die Körperempfindungen im Stehen ändern, von angenehm zu neutral und schließlich zu unangenehm. Wir vermerken auch, wie sich unsere Wahrnehmung dieser Empfindungen verändert. Wenn sich Gedanken über den Körper, das Fühlen und die Wahrnehmung einstellen, vermerken wir sie achtsam; auch das gehört, wie die Gedanken selbst, zur Anhäufung des Denkens. Wir beobachten, wie sich die Gedanken ändern. Achtsam verfolgen wir unsere bewusste Wahrnehmung aller Veränderungen. Bei dieser Übung im Stehen sind wir uns der fünf Anhäufungen und ihrer Veränderungen bewusst.

Wir nehmen auch wahr, dass alles, was wir erleben, vergänglich, unbefriedigend und ohne ein Ich ist. Das hält uns bewusst, und wir wiederholen es innerlich: »Dies ist nicht ich, es ist nicht mein, es ist nicht mein Ich.« Mit »dies« ist all das gemeint, was wir gerade erleben. Wir machen uns klar, dass das Stehen von niemandem »gemacht« wird, weder von einer inneren Ich-Instanz noch von etwas Äußerem. Vielmehr ist es so, dass das Stehen in Abhängigkeit von bestimmten Ursachen und Bedingungen einfach »stattfindet«. Dazu gehört auch unsere Regung aufzustehen und stehen zu bleiben. Letztlich ist nicht einmal dieser Entschluss unserer. Die Sitzhaltung wurde unbequem. So entstand der Wunsch, diese Unannehmlichkeit abzustellen, und der führte zu dem Impuls aufzustehen. Kraftaufwand ist erforderlich, damit der Körper stehen bleibt. Wenn keine Energie mehr da ist, können wir nicht stehen bleiben, jeder kennt das. Der Geist kann durch Intention Energie generieren. Diese Energie ist dann Ausdruck des von unseren geistigen Aktivitäten erzeugten Luft-Elements. Der ein- und ausströmende Atem hält unsere Aufmerksamkeit ebenfalls beim Luft-Element. Auch die übrigen Elemente nehmen wir wahr. Die Knochen und Muskeln, die uns aufrecht halten, gehören zum Element Erde. Der Kontakt unserer Füße mit dem Boden gehört ebenso zur Erfahrung dieses Elements. Wenn wir einige Minuten an ein und derselben Stelle stehen, erwärmt sich der Boden unter unseren Füßen, und so spüren wir an dieser Stelle das Hitze-Element. Auch das Element Wasser spüren wir dort als leichte Feuchtigkeit infolge der eigenen Ausdünstung. Alle vier Elemente wirken nahtlos zusammen.

Darüber hinaus müssen wir dafür sorgen, dass wir wach und klar bleiben und nicht einschlafen. Wir können zwar auch stehen, ohne eigens auf das Stehen zu achten, aber wenn wir achtsam sind, wird uns alles bewusst, was mit dem Stehen zusammenhängt. Das meinte der Buddha mit den Worten: »Beim Stehen verstehen, dass du stehst.« Kinder und Tiere können auch stehen, aber sie »verstehen« es nicht oder nicht ganz in dem Sinn, den der Buddha meinte.

Wir stehen eine Minute, zwei Minuten, vielleicht drei Minuten oder so lange, wie es uns angenehm ist. Beim Aufstehen atmen wir, und während wir stehen, atmen wir. Wir unterbrechen unsere Achtsamkeit auf den Atem nicht.

Gehen

Aus dem Stand können wir, wenn uns danach ist, zur Meditation im Gehen übergehen. Wenn wir es achtsam verfolgen, erkennen wir bald, dass das Gehen eigentlich aus neun Einzelaktionen besteht:

1. Zunächst stehen wir einige Minuten lang, entspannen Körper und Hände und sammeln uns auf den Atem.
2. Zum ersten Schritt heben wir eine Ferse, sagen wir die linke.
3. Der linke Fuß liegt jetzt nur noch mit den Ballen und Zehen auf. Wir machen uns diese Kontaktstelle und die zugehörigen Empfindungen bewusst. Der Kontakt ändert sich mit der Bewegung, und wir verfolgen die Veränderungen unserer Empfindungen.
4. Wir heben den linken Fuß vom Boden.
5. Wir bewegen den linken Fuß vorwärts. Wir beachten, dass das Gefühl, das wir im Stehen hatten, beim Anheben der linken Ferse nicht mehr da ist. Auch das Gefühl beim Anheben der Ferse ist nicht mehr da, wenn der Fuß ganz auf den Ballen und Zehen ruht. Jetzt haben wir den Fuß gehoben und bewegen ihn nach vorn, und wieder stellen sich neue Empfindungen ein. Flüchtige Gedanken begleiten das Ganze und verschwinden dann wieder: »Dies ist der Fuß, dies ist die Bewegung, jetzt eine Bewegung nach vorn, wieder eine Änderung.« Bis zum Absetzen des linken Fußes müssen wir den Körper auf dem rechten balancieren. Wenn das nicht achtsam geschieht, verlieren wir das Gleichgewicht.
6. Die Vorwärtsbewegung des linken Fußes endet.
7. Wir senken den linken Fuß.
8. Der linke Fuß bekommt einen ersten leichten Bodenkontakt.
9. Schließlich verlagern wir unser Gewicht auf ihn.
10. Damit beginnt der ganze Zyklus der Bewegungen, Empfindungen, Wahrnehmungen und Gedanken für den anderen Fuß.

Wir müssen langsam gehen, wenn wir all die kleinen Phasen und Verschiebungen dieses Ablaufs mitbekommen wollen. Bei einer behutsamen und gemächlichen Vorwärtsbewegung können wir alle Einzelheiten genau verfolgen. Dieses langsame Gehen hat etwas von Zeitlupe, wie sie beispielsweise zur Beurteilung kritischer Spielabschnitte bei einem Fußballspiel angewendet wird. Manchmal lässt sich erst so beurteilen, ob die Entscheidung des Schiedsrichters, wegen eines Foulspiels zu unterbrechen oder weiterspielen zu lassen, richtig oder falsch war.

Würden wir bei der Meditation in unserem gewohnten Alltagstempo gehen, könnten wir nicht alle Phasen im Einzelnen verfolgen. Langsames, achtsames Gehen gibt dem Geist Gelegenheit, sich jede kleine Veränderung in der Körperhaltung und den übrigen vier Anhäufungen bewusst zu machen. Das ist im Sitzen leichter zu beobachten, einfach weil sich der Körper dann so gut wie gar nicht bewegt.

Nur in der Achtsamkeit können wir verfolgen, wie mit jedem Schritt ein neuer Kontakt, neues Empfinden, neues Denken, eine neue Wahrnehmung und neue Aufmerksamkeit verbunden sind, während alter Kontakt, altes Empfinden, altes Denken, alte Wahrnehmung und alte Aufmerksamkeit verschwinden. Wenn wir die Praxis der Meditation im Gehen aufnehmen, werden wir zu Beginn nicht alles im Einzelnen verfolgen können, aber je mehr Übung wir bekommen, desto mehr Einzelheiten nehmen wir bewusst wahr.

Wortlose Achtsamkeit

Wenn wir langsam gehen, dann nicht nur, um die Bewegungen in allen Einzelheiten zu verfolgen, sondern auch um zu beobachten, was in unserem Geist vor sich geht. Bei der Meditation im Gehen trainieren wir nicht den Körper, sondern über das körperliche Geschehen des Gehens den Geist.

Deshalb vermeiden wir es, die Einzelheiten der Bewegungsabläufe innerlich zu benennen. Wir möchten nicht, dass sich etwas zwischen die Bewegungen und unser Bewusstsein der Bewegungen schaltet. Außerdem geschieht auch einfach viel zu viel, als dass wir alles benennen könnten. Und manches ist so subtil oder so neu, dass wir vielleicht gar kein Wort dafür fänden.

Wenn wir also die Bewegungen unserer Füße wie eben beschrieben verfolgen, sagen wir nicht innerlich: »Links, rechts, links, rechts«, als marschierten wir. Wir sagen auch nicht »Heben«, sobald wir einen Fuß heben. Wir sind uns dieser Dinge ganz direkt bewusst, ohne Worte. Das Gleiche gilt für alle Veränderungen in unserem Fühlen, unserer Wahrnehmung, unserem Denken und unserem Bewusstsein. Wir bemerken sie lediglich und sagen nicht ständig: »Veränderung, Veränderung, Veränderung.« Der Geist soll einfach nur Geduld üben und zu immer tieferer Achtsamkeit finden.

Es kann aber manchmal notwendig sein, bestimmte Gedanken und Gefühle zu verbalisieren, vor allem wenn sie unsere Konzentration auf das aktuelle Geschehen stören. Wann immer Gedanken und Gefühle auftauchen, die etwas von Gier, Ärger, Verblendung, Eifersucht, Angst oder Sorge haben, setzen wir unsere Achtsamkeit ein, um dem möglichst schnell ein Ende zu machen. Handelt es sich beispielsweise um Ärger, der in uns aufsteigt, wenden wir ihm bewusst unsere Aufmerksamkeit zu. Vergeht der Ärger dann jedoch nicht von selbst, müssen wir uns Gedanken machen und seine Ursachen zu ergründen versuchen. Das ist wie ein stummes Gespräch. Im Zustand der Achtsamkeit hüten wir uns, irgendwen zu beschuldigen, weder uns selbst noch andere.

Beim Gehen achten wir auch auf den Atem. Wir können den Atem mit den Bewegungen der Füße synchronisieren, doch das geht nur, wenn wir nicht alles benennen. In unserer Aufmerksamkeit können wir das Ein- und Ausströmen des Atems verfolgen und zugleich auf die Bewegungen der Füße achten. Etwas später werde ich den Ablauf der Meditation und die Koordination der Schritte mit dem Atem im Einzelnen beschreiben.

Was wir lernen

Ich finde es ganz erstaunlich, wie viele körperliche und geistige Vorgänge wir mit der Zeit im Auge zu behalten lernen, während wir etwas ganz Alltägliches tun, wie zum Beispiel zu gehen. Diese alltäglichen Abläufe hören ja nie auf, sie finden statt und ändern sich, solange wir leben. Wenn wir alle kleinen Veränderungen bei jedem Schritt wahrzunehmen lernen, wird uns unweigerlich klar, dass Körper und Geist vergänglich sind und alles andere auch vergänglich ist.

Außerdem erkennen wir, dass das Gehen eine durch viele Umstände bedingte Aktivität ist. Urplötzlich ist der Entschluss da zu gehen, und zusammen mit dieser Intention hebt sich auch schon die Ferse. Die Bewegung des Fußes geschieht so schnell – wenn wir nicht ganz genau aufpassen, bekommen wir nicht viel davon mit. So wird uns bewusst, dass Absicht und Aufmerksamkeit zugleich vorhanden sein müssen.

Es ist auch nicht ganz einfach, die Absicht zu einer Bewegung von der Bewegung selbst zu unterscheiden, also etwa vom Heben der Ferse. Es geht alles so schnell, wie das Licht, das beim Betätigen des Schalters schon an ist. Mit Achtsamkeit kann es jedoch gelingen, den Unterschied zwischen der Absicht und der aus ihr folgenden Aktion zu erkennen. Sehr langsam und sehr achtsam vermerken wir die Tendenz zum Einatmen, die Tendenz zum Ausatmen, die Intention, den Fuß zu heben, ihn nach vorn zu bewegen und so weiter. Der Geist ist vollauf beschäftigt, das alles zu verfolgen, und schweift nicht ab.

Wenn wir achtsam das Gehen wahrnehmen, wie es tatsächlich abläuft, fällt es uns nicht schwer zu verstehen, dass da kein Ich und keine Seele ist, keine Instanz, die das Gehen bewerkstelligt. All das wird nicht von etwas Permanentem in uns ermöglicht. Es entsteht in Abhängigkeit von Ursachen und Bedingungen, und wir können lernen, diese wahrzunehmen.

Der Ablauf der Meditation im Gehen

Sie können die Meditation im Gehen überall üben, aber am besten natürlich da, wo Sie ungestört sind. Es sollte ausreichend Platz für mindestens fünf bis zehn Schritte in gerader Linie sein. Ideal wäre eine deutlich längere Strecke, weshalb es in vielen Klöstern und Meditationszentren eigene Wege für die Meditation im Gehen gibt.

- ▸ Sammeln Sie sich zunächst auf Ihren Atem, während Sie nur dastehen.
- ▸ Atmen Sie ein, und heben Sie eine Ferse.
- ▸ Beim Ausatmen bleibt die Fußspitze noch stehen.
- ▸ Atmen Sie wieder ein, während Sie den Fuß heben und nach vorn führen.
- ▸ Atmen Sie aus, während Sie den Fuß absetzen.
- ▸ Wiederholen Sie die Abfolge mit dem anderen Fuß.
- ▸ Bleiben Sie nach fünf bis zehn (oder mehr) Schritten eine Minute stehen. Drehen Sie sich um, und bleiben Sie noch einmal für eine Minute stehen. Dann gehen Sie nach dem gleichen Ablauf an Ihren Ausgangspunkt zurück.
- ▸ Halten Sie den Kopf beim Gehen aufrecht, aber der Nacken sollte entspannt sein. Gehen Sie langsam und natürlich. Halten Sie die Augen offen, damit Sie nicht das Gleichgewicht verlieren, aber heften Sie den Blick an nichts.
- ▸ Achten Sie auf möglichst viele Veränderungen in Geist und Körper.
- ▸ Wenn Sie sich die Technik des langsamen Gehens erarbeitet haben, können Sie auch etwas schneller werden, aber nicht zu

schnell. Ein gutes Maß ist: einmal pro Schritt einatmen und ausatmen. Sie atmen ein, während Sie die Ferse heben, auf der Fußspitze stehen und schließlich den Fuß nach vorn führen. Pause. Beim Ausatmen senken Sie den Fuß, setzen ihn ab und verlagern das Gewicht auf ihn. Wieder kurze Pause. Darauf folgt der gleiche Ablauf mit dem anderen Fuß. Nach einer Weile wird diese Abstimmung des Atems auf die Bewegung der Füße fast automatisch.

Liegen

Wenn Geist und Körper entspannt sind wie bei der Meditation im Sitzen, schläft man leicht ein. Das gilt natürlich umso mehr, wenn Sie liegend meditieren.

Trotzdem empfehle ich diese Haltung unter bestimmten Umständen. Zunächst ist natürlich klar, dass Menschen, die aus gesundheitlichen Gründen nicht in der Lage sind zu sitzen, auf dem Rücken liegend meditieren können und dabei vor allem den Atem zum Gegenstand ihrer Achtsamkeit machen. Mit ausgestreckten Armen und Beinen auf dem Rücken zu liegen kann sich auch für Menschen empfehlen, die wegen einer Nebenhöhlenentzündung oder anderen schmerzhaften Beschwerden nicht schlafen können. Vielleicht finden sie sogar Erleichterung, wenn sie auf dem Rücken liegend darüber meditieren, wie die unangenehmen Empfindungen einsetzen, verweilen und vergehen und sich ändern. Sie achten dabei auf die Veränderlichkeit oder Vergänglichkeit der Empfindung, müssen sich aber hüten, nicht in bittere oder deprimierende Gefühle abzugleiten.

Ich selbst habe viele Jahre lang an Schlafstörungen wegen chronischer Nebenhöhlenentzündung gelitten. Ich liege dann auf dem Rücken und meditiere über die Vergänglichkeit der Empfindungen, und nach zehn oder fünfzehn Minuten schlafe ich ein. Aber auch Menschen ohne körperliche Probleme können davon profitieren, wenn sie abends im Bett vor dem Einschlafen noch für eine Weile die Achtsamkeit auf den Atem üben.

Hier gilt natürlich wie bei den übrigen Haltungen: »Wenn wir uns hinlegen, verstehen wir, dass wir uns hinlegen.« Wir sind uns bewusst, dass eine Absicht da war, uns hinzulegen, und dass der Geist die dafür erforderliche Energie bereitgestellt hat. Wir nehmen im Kontakt des Körpers mit dem Bett oder der Unterlage das Element Erde wahr, dann das sich bildende Erd-Element sowie die Ausdrucksformen, die Wasser und Luft in dieser Position annehmen.

Im Liegen setzen wir wie bei den anderen Körperhaltungen unsere Aufmerksamkeit ein, um Klarheit zu gewinnen, dass die fünf Anhäufungen vergänglich, unbefriedigend und ohne einen Ich-Kern sind. Die achtsame Hinwendung zu allem, was sich uns bietet, wirkt als eine Art Puffer gegen Ärger, Groll, Lüsternheit, Eifersucht, Angst, Spannung und was sonst noch an unzuträglichen Gedanken und Gefühlen aufsteigen mag. Es ist natürlich nicht einfach, im Liegen für längere Zeit klar und bewusst zu bleiben, schließlich ist es ja die Haltung, in der wir normalerweise einschlafen. Aber bis zum Einschlafen können wir achtsam bleiben.

Und natürlich können wir wie Ananda und so viele Schüler des Buddha in jeder Haltung nach einer Achtsamkeit streben, die so klar, scharf und kraftvoll ist, dass sie uns in Richtung Freiheit voranbringt.

3. Klares Begreifen

Einst erklärte der Buddha die Bedeutung des Ausdrucks »angestammtes Gebiet«, einen der Aspekte des klaren Begreifens, anhand der folgenden Geschichte:

Im Himalaja, dem König der Gebirge, gibt es so zerklüftete Gegenden, dass sich dort weder Affen noch Menschen bewegen können. Andere Gegenden sind dermaßen schroff, dass sich dort nur Affen, nicht aber Menschen bewegen können, und schließlich finden sich auch ebene und freundliche Regionen, in denen es weder für Affen noch für Menschen zu beschwerlich ist. Da stellen die Jäger entlang der Affenpfade Klebefallen mit Pech auf.

Ein kluger Affe erkennt die Falle von Weitem und meidet sie. Aber ein dummer Affe greift nach dem Pech und klebt mit der Hand fest. Er denkt: »Ich werde meine Hand lösen«, und greift auch mit der anderen Hand hinein. Da sie festklebt, denkt er: »Ich werde jetzt beide Hände losbekommen«, und stemmt einen Fuß gegen das Pech. Dann setzt er noch den zweiten Fuß ein, um die Hände und den anderen Fuß wieder freizubekommen. Schließlich denkt er: »Ich werde beide Hände und beide Füße lösen«, und drückt mit der Nase gegen das Pech.

Der Buddha fuhr fort: »So liegt nun, ihr Mönche, der Affe schreiend da, an fünf Punkten festgeklebt. Das ist eine böse Sache für ihn, er ist dem Jäger hilflos ausgeliefert. So ergeht es einem, ihr Mönche, wenn man sein angestammtes Gebiet verlässt und sich auf fremdes Gebiet begibt.

Was aber ist dieses fremde Gebiet? Es sind die fünf Stränge des sinnlichen Begehrens.

Und was ist das angestammte Gebiet des Bhikkhus? Es sind die vier Grundlagen der Achtsamkeit.«

DIESE GESCHICHTE verdeutlicht ein Kernelement dessen, was der Buddha uns mitteilt, nämlich dass alle Kalamitäten und Debakel unseres Lebens durch unser unkluges Handeln verursacht sind. Wenn wir unsere Leiden beenden möchten, müssen wir sehr genau darauf achten, wie wir mit unserem Körper und Geist agieren. Dies gleicht einem Labor, in dem es für uns viel zu tun gibt.

Mit den Instrumenten der Achtsamkeit und des klaren Begreifens untersuchen wir unseren Körper, unsere Gefühle, unsere Wahrnehmungen, unsere Gedanken und unser Bewusstsein, aber nicht wie es der Biologe, Chemiker oder Pathologe tun würde, sondern mit einem tieferen Ansatz, nämlich als Meditierender, der auf sittlichen Lebenswandel, spirituelle Entwicklung und umfassende Erkenntnis aus ist. Bei allem, was wir tun – ob wir sitzen, stehen, gehen, liegen, reden, essen oder meditieren –, wirken Achtsamkeit und klares Begreifen zusammen und lassen uns erkennen, dass alles, was wir erleben, vorübergehend ist und nichts davon uns anhaltende Zufriedenheit beschert. Dazu kommt allerdings, dass wir uns zwar gern einbilden, wir wüssten, was vor sich geht, während wir in Wahrheit oft genug einfach nur ratlos und blind sind.

Was also ist klares Begreifen?

Traditionell werden vier Aspekte des klaren Begreifens genannt: Zweck, Angemessenheit, angestammtes Gebiet und Nicht-Verblendung. *Zweck* bedeutet, kurz gesagt, dass wir einen Grund für das haben, was wir tun. *Angemessenheit* soll ausdrücken, dass unser Tun dem Zweck entspricht. *Angestammtes Gebiet* beinhaltet die Vorstellung, dass wir bei unserem Tun das Terrain des angemessenen Handelns nicht verlassen. *Nicht-Verblendung* schließlich bedeutet, dass wir uns, anders als der Affe, bei unserem Tun vergewissern, ob wir wirklich durchschauen, was gerade geschieht.

Zweck

Bei dem, was wir tun, haben wir normalerweise eine Absicht, einen Zweck im Sinn. Wir suchen einen bestimmten Laden auf, um etwas Bestimmtes zu besorgen. Wir verabreden uns mit jemandem zu einer geschäftlichen Besprechung oder auch zu einer gemeinsamen Mahlzeit aus einem bestimmten Grund.

Bei der Achtsamkeitsmeditation freilich geht es nicht um solche äußeren Zwecke und Vorhaben. Wir wollen nicht einkaufen oder zur Arbeit gehen. Wir haben hier etwas sehr Bestimmtes und Besonderes im Sinn. Nach den Worten des Buddha meditieren wir, um

- den Geist zu läutern,
- Kummer und Jammer zu überwinden,
- Trauer und Verzweiflung zu beenden,
- auf dem Weg zur Befreiung Fortschritte zu erzielen sowie
- Freiheit zu finden und das Ende aller Leiden zu erreichen.

Sehen wir uns diese Zwecke nacheinander an.

Den Geist läutern. Zuerst und vor allem geht es bei der Meditation um Läuterung oder Reinigung. Starke Achtsamkeit wirkt so segensreich wie ein Wasch- oder Geschirrspülmittel. So wie ein Teller gesäubert werden muss, bevor wir ihn für unsere nächste Mahlzeit verwenden, müssen wir geistige Unreinheiten wie Hass, Gier und Verblendung beseitigen, bevor reine Geisteszustände wie Großzügigkeit, Herzensgüte und Weisheit entstehen können.

Der Buddha vergleicht das mit dem Färben von Tuchen und sagt: »Ihr Bhikkhus, so wie unsauberes, unreines Tuch beim Färben mit blauer, gelber oder roter Farbe einen unsauberen, unreinen Farbton annimmt, so ist auch damit zu rechnen, dass sich ein verunreinigter Geist in einem schlechten Zustand befindet. Und wie reines Tuch beim Färben mit blauer, gelber oder roter Farbe einen reinen, klaren Farbton annimmt, so kann man erwarten, dass ein reiner Geist in guter Verfassung ist.« Das Sutta erzählt vom Haushälter, das heißt vom Laien Upali, dessen Geist schließlich so rein, bereit, empfänglich, beseligt und vertrauensvoll wurde, dass der Buddha ihn die vier edlen Wahrheiten lehren konnte: »Und wie sauberes, von Flecken und Makeln befreites Tuch die Farbe ganz gleichmäßig annimmt, so brach die unbefleckte, makellose Schau des Dhamma im Haushälter Upali auf, während er dort saß.«

Bei den unreinen, beschmutzenden Zuständen des Geistes handelt es sich unter anderem um Ärger, Lüsternheit, Eifersucht, Zweifel am Dhamma, Selbstsucht, Unbelehrbarkeit und Nachlässigkeit. Achtsamkeit und klares Begreifen unterstützen uns bei der Beseitigung dieser und ähnlicher ungesunder Gewohnheiten des Geistes, und danach tritt das Wissen um den Weg des Buddha an ihre Stelle. Wir gewinnen Klarheit über alles, was zu tun und zu meiden ist, damit wir auf diesem Weg vorankommen.

Kummer und Jammer überwinden. Weinen und klagen vertragen sich nicht gut mit unserer Meditation. Sollten einmal traurige Gefühle hochkommen, können wir ihnen mit Achtsamkeit begegnen und nach den Gründen forschen. Oft zeigt sich dann, dass unser Unglück mit dem Anhaften an einer Person oder Position, an einem Ort oder irgendetwas anderem zusammenhängt. Dann fragen wir: »Weshalb hänge ich daran?« Und bei genauer Betrachtung stellen wir fest: »Ich hafte an, weil ich vergessen habe, dass alles vergänglich ist. Ich war dumm genug, mir einzureden, dass diese Sache, an der ich anhafte, mir auf Dauer Glück, Lust oder Sicherheit verspricht.«

Manchmal sind wir traurig, wenn wir uns an traumatische Erlebnisse oder die Leiden anderer erinnern. Hier haben wir Gelegenheit, dem Buddha nachzueifern. Er sah die Leiden der unzähligen Lebewesen sehr klar, aber er beweinte sie nie, er wusste, dass er die Leiden anderer nicht durch eigenen Kummer lindern konnte. Stattdessen verweilte er in unerschütterlicher Achtsamkeit und vollkommener Gemütsruhe.

In einem Zustand innerer Ausgeglichenheit erkennen wir leichter, dass die traurigen Ereignisse der Vergangenheit einfach nicht mehr vorhanden sind. Und auch das begreifen wir leichter: dass alles, woran wir heute anhaften, sich ohne unser Zutun ändern und vielleicht ohne Vorwarnung verschwinden wird. Für die Freuden und Leiden anderer gilt das Gleiche. In diesem Wissen vergehen unser Kummer und unsere Klagen ganz allmählich. Das ist der zweite Zweck unserer Achtsamkeitsmeditation: dass wir lernen, uns dieser Realität zu stellen.

Trauer und Verzweiflung beenden. Trauer und Verzweiflung können anhaltender als Kummer und Jammer sein, weshalb ihre Überwindung mehr Mühe macht. Manchmal ist diesen Gefühlen nicht zu entkommen, nicht einmal wenn wir unseren Geist mit Meditation zu beruhigen versuchen. Wir würden sie gern vergessen, wir möchten wirklich nicht länger bei ihnen verweilen, aber sie tauchen immer wieder auf.

Hier müssen wir erneut so vorgehen, wie ich es bereits beschrieben habe. Wir halten uns die Vergänglichkeit aller Dinge im Leben vor Augen. Alles Vergangene liegt hinter uns, und nichts, was wir jetzt haben, sichert uns für immer Zufriedenheit. Alle, die uns lieb sind, werden uns irgendwann genommen, alles Schöne und Angenehme vergeht irgendwann. Diese Veränderungen lassen sich nicht aufhalten, was immer wir auch unternehmen mögen. Mit solchen Gedanken machen wir uns klar, dass unsere Ratlosigkeit und Verzweiflung etwas »abhängig Entstehendes« ist: Sie kommt durch Ursachen und Bedingungen zustande, die auftreten, eine Zeit lang da sind und dann wieder verschwinden. Mit Achtsamkeit können wir unseren Geist darauf einstimmen, diese Realität zu akzeptieren, und dann werden unsere beschwerlichen Gefühle der Trauer und Verzweiflung nach und nach vergehen.

Auf dem Weg zur Befreiung Fortschritte erzielen. Der vierte Grund für die Achtsamkeitspraxis liegt darin, dass wir mit ihr dem edlen achtfachen Pfad des Buddha folgen, dem einzigen Weg zur Befreiung von Kummer, Klagen, Trauer und Verzweiflung. Ich werde im vierten Teil dieses Buches, »Achtsamkeit auf den Dhamma«, näher auf den edlen achtfachen Pfad eingehen. An dieser Stelle möchte ich nur die acht Glieder oder Schritte dieses Weges zur Befreiung aufzählen: rechtes Verständnis, rechtes Denken, rechte Rede, rechtes Handeln, rechter Lebenserwerb, rechtes Bemühen, rechte Achtsamkeit und rechte Konzentration.

Wenn wir nach dem Zweck der Meditation fragen, ist es ganz wichtig zu erkennen, dass Achtsamkeitsmeditation und der Befreiungsweg des Buddha nicht verschiedene Dinge sind. Es gibt Leute, die auf dem Standpunkt stehen, Vipassana und Achtsamkeitsmeditation hätten nichts mit Buddhismus zu tun, doch das trifft nicht zu. Mit tiefer werdender Praxis und fortschreitender Läuterung unseres Geistes kann uns nicht verborgen bleiben, dass Meditation sehr viel mit jedem einzelnen Schritt des edlen achtfachen Pfades zu tun hat.

Freiheit finden und das Ende der Leiden erreichen. Bei diesem letzten Zweck der Meditation geht es darum, dass wir uns von den endlosen Leiden dieses Lebens und künftiger Leben befreien. Befreiung ist das eigentliche Ziel der Achtsamkeitsmeditation, alles andere ist im Vergleich dazu vorläufig und zweitrangig. Wer ernsthaft praktiziert, hat immer dieses Ziel vor Augen, ob er sitzt, geht, steht oder liegt, ob er isst oder trinkt, redet oder schweigt, duscht oder die Toilette benutzt.

Wenn wir das hohe Ziel unserer Praxis des klaren Begreifens im Blick behalten, lassen wir uns nicht so leicht von banalen Belangen ablenken. Diskussionen über nebensächliche Äußerlichkeiten unserer Praxis sind nicht zielführend und damit Zeitverschwendung. Wir sind schließlich auf Befreiung aus, auf die Beendigung unserer Leiden – da bringt es nichts, uns mit Unklarheit stiftenden

Diskussionen über Nebensächlichkeiten zu beschäftigen, sondern wir müssen uns auf das eigentliche Ziel unserer Praxis konzentrieren. Wenn wir das tun, trägt unsere Achtsamkeitspraxis schnell Früchte.

ANGEMESSENHEIT

Der zweite Aspekt des klaren Begreifens liegt darin, dass unser Tun moralisch einwandfrei sein muss und uns tatsächlich ermöglicht, unsere spirituellen Ziele zu erreichen. Wir wählen beispielsweise eine Arbeit, die uns Zeit zum Meditieren lässt und bei der wir uns nicht mit Leuten gemein machen müssen, die sich oder anderen Schaden zufügen. Wir üben uns in rechter Rede und meiden Gespräche, die unsere Konzentrationsfähigkeit einschränken. Wir entscheiden uns für eine gesunde Lebensweise, etwa dass wir maßvoll essen und nicht zu viel schlafen.

Wichtig ist auch, dass unsere Meditationspraxis unserem Temperament entsprechen muss. Wenn wir von Natur aus umtriebig sind und überschüssige Energien haben, wählen wir eine beruhigend wirkende Praxis, etwa die Meditation im Sitzen mit Atemzählung. Neigen wir jedoch eher zum Lethargischen und Schläfrigen, sollten wir eine aktive Praxisform wählen, etwa die Meditation im Gehen. Wir fragen uns auch immer wieder, ob unsere Praxis Wirkung zeigt, zum Beispiel: »Bin ich wirklich konzentriert und komme zu Einsichten oder schlafe ich nur auf dem Kissen?«

Außerdem wählen wir Betrachtungsgegenstände, die uns beim Ablegen ungesunder geistiger Gewohnheiten unterstützen. Sollten Sie beispielsweise von Eifersucht geplagt sein, können Sie ausprobieren, was in Ihrem Fall besser dagegen hilft: Gedanken der Großzügigkeit und Freigiebigkeit ohne die Erwartung von Gegengaben oder Gedanken der Mitfreude, bei denen Sie einfach froh über alles Gute sind, das anderen widerfährt. Da wir nicht unbegrenzt Zeit haben, aber hohe spirituelle Ziele anstreben, setzen wir unseren gesunden Menschenverstand ein, um klare Prioritäten zu setzen. Wie schon der Buddha sagte: »Strebt nicht nach allem.«

Das angestammte Gebiet

Der dritte Aspekt des klaren Begreifens verlangt nüchternes, klares Denken von uns, damit wir unsere Grenzen nicht überschreiten, sondern auf unserem ureigenen Terrain bleiben. Wäre der Affe auf dem Gebiet geblieben, das wirklich seins war, wäre er nicht in Versuchung geraten, nach dem klebrigen Pech zu greifen und zu meinen, es müsse sich um etwas besonders Erstrebenswertes handeln. Aber nachdem er den ersten Fehler begangen hatte, seinem sinnlichen Verlangen nachzugeben, hing er schließlich an fünf Stellen fest – übertragen gesprochen, mit allen fünf Körpersinnen.

Die fünf Stellen des Festklebens stehen symbolisch für die fünf Arten von Sinnesbewusstsein und ihre begehrenswerten Objekte: von den Augen wahrgenommene schöne Formen, von den Ohren wahrgenommene angenehme Laute, von der Nase wahrgenommene verlockende Düfte, von der Zunge wahrgenommener geschmacklicher Hochgenuss und vom Körper wahrgenommene wohlige Berührungen.

Wenn unser Geist bei der Meditation abschweift, richten wir unsere Aufmerksamkeit erneut auf die fünf Anhäufungen aus, wie wir sie eben jetzt erfahren – Körperhaltung, Empfindungen, Wahrnehmungen, Gedanken und das Bewusstsein. Das ist das geeignete Terrain für die vier Grundlagen der Achtsamkeit. Wenn beispielsweise der Gedanke an etwas Begehrenswertes aufkommt, betrachten wir das achtsam, ohne uns auf Details einzulassen. Wir meiden emotionale Reaktionen und innere Kommentare, in denen beispielsweise erörtert wird, ob es sich um ein weibliches oder männliches Wesen handelt, ob das Objekt schön oder hässlich, einladend oder beunruhigend ist. Wir beschränken uns auf den

Gedanken, dass es sich um ein vergängliches Objekt handelt. Und genauso verfahren wir mit allen anderen Eindrücken, gleich ob Anblick, Geräusch, Geruch, Geschmack, Berührungsempfindung oder Gedanke.

Wie der Buddha seinen Anhängern mahnend ans Herz legte: »Ihr Mönche, seid euch selbst eine Insel, seid euch selbst die Zuflucht und habt keine andere. Lasst den Dhamma eure Insel sein, nachdem ihr aufgehört habt, euch nach der Welt zu verzehren.«

Nicht-Verblendung

Nicht-Verblendung ist die vierte Form des klaren Begreifens. Die tiefere Bedeutung dieses Begriffs erschließt sich uns nicht ohne Weiteres. Wie wir gesehen haben, sind wir verblendet, wenn wir annehmen, die Dinge, an denen wir anhaften, könnten uns dauerhaftes Glück und anhaltende Zufriedenheit sichern. Ebenso wenig trifft es zu, dass Menschen und Umstände, die uns ärgerlich machen, immer so auf uns wirken werden. Der tiefere Grund der Verblendung, und das ist nicht ganz so leicht zu erkennen, liegt jedoch in einer tieferen und sehr viel lästigeren Verblendung, nämlich der Annahme, es gebe so etwas wie ein dauerhaftes Ich.

Im konventionellen Sinn trifft es sicher zu, dass *ich* alles Mögliche tue: Ich gehe auf und ab, ich esse, trinke, schlafe, kleide mich an oder aus, rede, schweige. *Ich* habe Gefühle und Empfindungen, *ich* nehme wahr, *mein* Körper und Geist tun eine ganze Menge. Wie sich jedoch bei der Achtsamkeitsmeditation zeigt, geschieht das nicht unabhängig, sondern alles Existierende beruht auf vielfältigen Ursachen und Bedingungen, die allesamt entstehen, eine Zeit lang vorhanden sind und dann vergehen.

Da alles aufgrund von bedingenden Faktoren geschieht, existiert kein gesondertes Ich, das beispielsweise das Gehen »macht«. Das zeigt sich ganz deutlich bei der Meditation im Gehen. Im gleichen Sinne gibt es nichts in oder an meinem Körper und Geist, das seiner Natur nach *ich* wäre, und es gibt nichts, sei es Ding oder Lebewesen, das auf Dauer *mein* wäre. Unser Hängen an bestimmten Menschen ebenso wie unser Ärger vergehen nach und nach, sobald uns klar wird, dass kein eigenständiges Ich existiert, das an *ihm* hängt oder *ihr* böse ist.

Um uns verständigen zu können, müssen wir Wörter wie »ich«, »wir«, »selbst«, »Seele«, »du«, »mir«, »er«, »sie«, »ihm«, »ihr« verwenden. Dies sind Begriffe, die Menschen zur Erleichterung der Kommunikation geprägt haben, aber auch wenn solche Wörter in diesem Rahmen nützlich sind, heißt das noch nicht, dass sie auf etwas Eindeutiges und eigenständig Existierendes verweisen.

Diese Einsicht in die Natur der Realität wird im Buddhismus mit dem Pali-Begriff *Sunnata* (Sanskrit *Sunyata*) erfasst, der für gewöhnlich mit »Leerheit« übersetzt wird und der eigentlich besagt, dass alle Dinge und Wesen »leer von« Selbst-Wesen und in diesem Sinne »leer von« einem Ich sind. Zur Erfahrung der Leerheit kommen wir durch fortgesetzte meditative Praxis, bei der wir unvoreingenommen beobachten, was tatsächlich Augenblick für Augenblick in unserem Körper und Geist geschieht. Nicht-Verblendung ist dann erreicht, wenn wir zum klaren Begreifen der Tatsache gelangen, dass alles, wir selbst eingeschlossen, vergänglich, unbefriedigend und ichlos ist.

Wenn die Achtsamkeit aussetzt

Nicht-Verblendung hat auch eine ganz naheliegende praktische Seite. Es kommt vor, dass wir uns bei der Achtsamkeitsmeditation selbst hinters Licht führen. Nehmen wir als Beispiel die Meditation im Gehen. Da fällt uns irgendwann plötzlich auf, dass wir schon kilometerweit gegangen sind, aber weder Achtsamkeit noch klares Begreifen beteiligt waren. Jetzt würden wir am liebsten zu dem Punkt zurückfinden, an dem die Achtsamkeit aussetzte.

Damit machen wir uns natürlich etwas vor. Achtsamkeit ist kein Ding, das man irgendwo verliert und dort mit etwas Glück wiederfindet. Wenn eine Geistesverfassung verlorengeht, ist sie einfach weg. Verlorene Achtsamkeit ist verschwunden, fertig. Wir wurden abgelenkt, das ist alles. Vermutlich wissen wir nicht einmal mehr, was uns abgelenkt hat und wann das war. Wir versuchen also gar nicht erst, zu einem imaginären Punkt in Raum und Zeit zurückzufinden, sondern sobald uns auffällt, dass die Achtsamkeit nicht mehr vorhanden ist, gehen wir einfach erneut in die Achtsamkeit.

Das gilt immer, wenn wir aus der Achtsamkeit fallen. Denken Sie etwa an einen Mönch, der achtsames Essen übt und dabei merkt, dass er gerade unachtsam isst. Was er bereits verspeist hat, kann er nicht wieder zutage fördern, um es erneut und diesmal achtsam zu verzehren. Die einzig vernünftige Lösung lautet für ihn: weiteressen und von jetzt an ganz konzentriert Achtsamkeit walten lassen. (Auf das Thema »achtsames Essen« kommen wir am Schluss dieses Kapitels zurück.)

Darüber hinaus gibt es noch subtilere Arten, aus der Achtsamkeit zu fallen. Manchmal kommt bei der Achtsamkeitspraxis plötzlich ein Gefühl von Frieden und tiefer Ruhe auf, sodass wir den Eindruck bekommen, das sei unser wahres Ich. Diesen Gedanken gilt es achtsam wahrzunehmen. Dann wird uns auffallen, dass auch dieses Gefühl von Ruhe und Frieden sich ändert und vergeht und dadurch offenbart, dass es seiner Natur nach vergänglich sein muss. Es vergeht, und das Ich-Gefühl vergeht mit ihm. So kommen wir dem Wahn der Existenz eines Ichs auf die Spur und üben das klare Begreifen der Nicht-Verblendung.

Machen Sie sich eines ganz klar: Wenn Ihnen auffällt, dass Sie die Achtsamkeit verlieren, *ist* das Achtsamkeit. Geben wir einfach zu, dass wir unachtsam waren, das ist ehrliche, aufrichtige Achtsamkeitspraxis. Sollten wir solche Ausfälle bedauern oder peinlich berührt davon sein, vermerken wir das einfach, ohne uns auch noch dafür zu kritisieren oder zu verachten. Auch Achtsamkeit ist vergänglich. Auf die Vergänglichkeit der Achtsamkeit aufmerksam zu werden – das ist Achtsamkeit. Wer das versteht, hat das klare Begreifen der Nicht-Verblendung.

KLARES BEGREIFEN IM ALLTAG

So wichtig es ist, bei der Meditation achtsam zu sein, so wichtig ist es auch, im Alltag bei allem, was wir tun, sagen und denken, achtsam zu bleiben. Der Buddha musste keine besonderen Anstrengungen unternehmen, um achtsam zu bleiben. Sein Begreifen war von Natur aus klar. Was immer er tat – gehen, reden, sich bücken, sich setzen, Gewänder anlegen, essen, trinken –, es geschah alles mit Achtsamkeit und klarem Begreifen.

In einem Sutta heißt es, die Achtsamkeit des Buddha sei wie der Hals eines Elefanten: immer mit dem Kopf des Elefanten als dem Symbol der Weisheit verbunden. Und wie der Elefant diese verwundbare Stelle, seinen Hals, stets mit der ganzen Masse seines Körpers vor großen Raubkatzen schützt, so wahrte der Buddha seine Achtsamkeit mit den Eigenschaften seines Erleuchtungskörpers: klares Begreifen, Sittlichkeit, Konzentration, Weisheit, Befreiung und das Wissen um die Befreiung. Er riet uns, ihm nachzueifern und uns allen Dingen und Tätigkeiten mit Achtsamkeit und klarem Begreifen zu widmen.

Wir müssen, um gesund zu bleiben, essen und trinken, uns bekleiden und für Bewegung sorgen. Aber wir schützen uns mit dem klaren Begreifen vor der Gefahr des Anhaftens an diesen Notwendigkeiten und vermeiden Gier, Hass, Verblendung, Wetteifer, Stolz und Eifersucht.

Manche Leute möchten beispielsweise mit ihrer Kleidung unterstreichen, wie reich oder schön sie sind, doch das schürt ihren Stolz und verstärkt ihr Anhaften an der Ich-Vorstellung. Mönche und Nonnen denken dagegen beim Ankleiden: »Ich trage Kleidung, um diesen Körper vor Kälte, Hitze, Insekten, Wind und

Sonne zu schützen und meine Blöße zu bedecken.« Wenn sie sich schlafen legen, denken sie: »Ich nutze diese Unterkunft und dieses Bett, um den Körper vor Kälte, Hitze, Insekten, Wind und Regen zu schützen und es dem Körper bequem zu machen, damit er sich seiner Müdigkeit entledigen kann.« Wir können das auch so halten. Mit solchen Kleinigkeiten reinigen wir unseren Geist und befreien ihn von Gier und anderen ungesunden Regungen.

Klares Begreifen und Achtsamkeit lassen uns bei allem, was wir zu tun haben, die bestmögliche Wahl treffen. Jemand hat mich einmal gefragt: »Kann ich mein Gewehr mit klarem Begreifen verwenden, um einen Hirsch zu erlegen?«

Ich erwiderte: »Nein.«

»Warum nicht?«, wollte er wissen.

Da musste ich etwas ausholen: »Der Buddha ordnete alle Gedanken zwei Kategorien zu, zuträglich und nicht zuträglich. Wenn er bei einem Gedanken erkannte, dass er nicht dem Ziel der Befreiung diente, nannte er ihn unzuträglich und verwarf ihn. Wenn ein Gedanke aber diesem Ziel diente, nahm er ihn an und verfolgte ihn.

Ein Mensch, der Achtsamkeit übt, erkennt beim bloßen Gedanken an ein Gewehr, dass jede Waffe ein Instrument der Grausamkeit ist. ›Gewehr‹ bedeutet ihm Gewalt, Hass, Gier und Verblendung. Gewalt zieht nur Gewalt nach sich, Hass erzeugt Hass, Gier führt zu Gier, und Verblendung erzeugt Verblendung.

Dann denkt er: ›Ich habe lange genug unter solchen schädlichen Gedanken gelitten. Jetzt möchte ich Achtsamkeit üben und Gier, Hass und Verblendung hinter mir lassen. Ich lasse meinen Geist überhaupt nicht mehr an den Gebrauch von Waffen denken.‹«

Diesen Gedankengang wenden wir auf alle Aktivitäten von Körper, Rede und Geist an. Das ist die rechte Art, das klare Begreifen zu üben.

Klares Begreifen beim Essen

Achtsamkeit beim Essen, wie geht das? Kauen, schmecken, schlucken – wie können wir das klare Begreifen dieser Tätigkeiten einüben?

Zunächst einmal erinnern wir uns vor den Mahlzeiten mit einer Rezitation an den eigentlichen Zweck des Essens. »In achtsamer Betrachtung verzehre ich diese Speisen, weder zum Spaß noch zum reinen Genuss, noch um davon schön und anziehend zu werden, sondern nur für den Bestand und die Leistungskraft dieses Körpers, um die Unannehmlichkeit des Hungers zu beseitigen und zur Unterstützung des spirituellen Lebens. Und so sage ich mir: ›Ich beende alte Gefühle, ohne neue zu schüren. Ich werde ein gesundes, untadeliges Leben führen und mit allem versorgt sein.‹«

Während des Essens achten wir dann auf ein paar einfache Dinge, die unsere Achtsamkeit unterstützen. Wir essen bedächtig, wir führen die Hände langsam zum Teller beziehungsweise zum Mund. Wir achten auf alles, was in uns vorgeht. Wenn sich Gier regt, weil es so gut schmeckt, erfassen wir das sofort und sagen uns: »Sei achtsam! Ja, es schmeckt köstlich, aber alles, was ich tue, hat meinen spirituellen Zielen zu dienen. Ich werde meine Gier beherrschen und nicht mehr essen, als mir guttut.« Es muss kaum eigens erwähnt werden, aber aus denselben Gründen, aus Achtsamkeit, meiden wir natürlich Junkfood.

Auch beim Trinken heißer und kalter Getränke denken wir: »Ich nehme dieses Getränk in achtsamer Betrachtung zu mir, um die Unannehmlichkeit des Dursts zu beheben, Krankheit zu vermeiden und die Gesundheit des Körpers zu erhalten.«

Mönche und Nonnen beachten beim Essen und Trinken dreißig Regeln, die ihnen erlauben, im klaren Begreifen zu bleiben. Ich möchte Ihnen im Folgenden einige von diesen Regeln inspirierte Anregungen geben, die Sie beim achtsamen Essen unterstützen können.

KERNELEMENTE DES ACHTSAMEN ESSENS

Ich übe mich darin,
- gesunden und nahrhaften Speisen und Getränken den Vorzug zu geben.
- maßvoll zu essen und Junkfood zu meiden.
- beim Essen auf meinen Geist zu achten, um Gier, Hass und Verblendung zu entgehen.
- mir nicht zu viel auf den Teller oder in die Schale zu laden.
- zu nehmen, was geboten wird oder verfügbar ist, ohne wählerisch zu sein.
- keine kritischen oder neidischen Blicke auf das Essen anderer zu werfen.
- meine Hände langsam zu bewegen.
- den Mund erst zu öffnen, wenn ich den Bissen herangeführt habe.
- mir nicht zu viel in den Mund zu stopfen.
- nicht mit vollem Mund zu sprechen.
- nichts zu vergeuden oder verkommen zu lassen.
- nicht zu schmatzen und zu schlürfen.
- mir nicht die Finger zu lecken.

4. Bestandteile und Elemente des Körpers

Ein junger Mönch war Schüler des Ehrwürdigen Sariputta, eines der ältesten Bhikkhus des Buddha. Da die sinnliche Begierde diesem jungen Mann zusetzte, wies Sariputta ihn an, fernab im Wald über die Unreinheit des Körpers zu meditieren. Das tat der junge Mann mit großem Eifer, musste aber feststellen, dass seine Begierde eher noch zunahm. So brachte Sariputta ihn zum Buddha.

Der Buddha gab dem jungen Mönch eine Lilie in die Hand und wies ihn an, sich auf die strahlende Farbe der Blüte zu sammeln. Mit dieser Methode verwirklichte der Mönch hohe Zustände der Konzentration.

Der junge Mönch war von diesem Erfolg sehr angetan und vom Buddha selbst noch mehr, er fühlte sich ihm zutiefst verbunden, ja, er hing an ihm. Immer wenn er jetzt meditierte, hatte er die strahlend schöne, heiter-gelassene, königliche Gestalt des Buddha, seine sanfte Stimme, sein weises Gesicht gegenwärtig.

Einmal wurde dieses Bild überaus lebendig in ihm, und er hörte die Stimme sagen: Zerstöre das Anhaften am Ich, wie du eine Herbstlilie in der Faust zerdrücken könntest. Übe den vom So Gegangenen [Buddha] gelehrten Weg zum Frieden, zum Nirwana [Nibbana].

Als der junge Mönch die Augen öffnete, war die wunderschöne Lilie, so leuchtend, frisch und lebendig, auf einmal verwelkt.

Deshalb meditierte er jetzt über die Vergänglichkeit der Frische, Schönheit und Lebendigkeit der Lilie. Er machte sich klar, dass sein junger, starker Körper alt und welk werden würde wie die Blume, und so wurde er frei vom Anhaften am Körper, am Fühlen, an der Wahrnehmung, am Denken und am Bewusstsein.

WENN WIR UNS im Spiegel betrachten, sind wir stolz auf alles, was uns ansehnlich erscheint, und was uns alt und unschön vorkommt, erregt unser Missfallen. Solche Urteile führen dazu, dass wir an den für gut befundenen Einzelheiten, etwa dem wunderschön schimmernden Haar, ganz besonders hängen, während wir Makel wie unsere schief stehenden Zähne hassen.

In diesem Kapitel wird es darum gehen, den Körper anders anzusehen. Mit Achtsamkeit können wir uns dazu erziehen, unseren Körper unvoreingenommen zu betrachten, als eine Ansammlung von zweiunddreißig Bestandteilen, zu denen nicht nur das zählt, was wir im Spiegel sehen, sondern auch das Innere, also Knochen, Leber, Blut und Ähnliches. Wie wir erkennen werden, sind diese Bestandteile entweder fest, das heißt, vom Element Erde geprägt, oder mehr oder weniger flüssig, vom Wasser-Element geprägt. Alle diese Bestandteile verändern sich ständig, wie es für sämtliche materiellen Dinge gilt. Sie sind alle wie die »Herbstlilie« des jungen Mönchs.

Die Meditation über die Bestandteile und Elemente des Körpers hat die ganz praktische Wirkung, dass wir bereit werden, unseren Körper anzunehmen, wie er gerade ist – ohne unsere gewohnten emotionalen Reaktionen. Wir lassen Stolz und Selbsthass hinter uns und betrachten unseren Körper mit dem Geist der Gelassenheit. Wie das gemeint ist, verdeutlicht der Buddha an einem Beispiel:

> Nehmen wir einen mit allerlei Körnerfrüchten gefüllten Sack – Wildreis, Feldreis, Linsen, grüne Erbsen, Gerste, Sesamkörner, Senfsaat. Wenn ein Mann mit gesunden Augen in den Sack blickt, erkennt er die verschiedenen Körner und sagt: »Das ist Wildreis, das ist Feldreis, das sind Linsen, das sind grüne Erbsen, das ist Gerste, das ist Sesam, das ist Senf.« Er sagt nicht: »Das hier ist Gerste, Gerste kann ich nicht ausstehen.« Er sagt auch nicht: »Das hier ist Sesam, Sesam finde ich schmackhaft.«

Wir trainieren unsere Achtsamkeit, damit wir uns so deutlich erkennen wie der Mann mit den gesunden Augen die Körner. Dabei stellen wir fest, dass kein Teil unseres Körpers uns dauerhafte Zufriedenheit verspricht, weil alle Teile Krankheiten und Verletzungen erleiden können und schließlich sterben. Vor allem aber treffen wir in keinem Teil unseres Körpers oder Geistes eine Person an, die wir »Ich« nennen könnten. Daran erkennen wir, dass der Körper ichlos ist. Diese Meditation stellt eine alternative Betrachtung des Körpers dar, sie hat nichts mit dem zu tun, was wir gewohnt sind.

Wir müssen mit diesem Meditationsobjekt sehr vorsichtig umgehen, denn ohne die rechte Achtsamkeit können Anhaftungen, aber auch Abneigung und Hass entstehen. Wir legen es darauf an, den Körper und seine Bestandteile zu sehen, wie sie sind, und so erkennen wir, dass sie weder schön noch hässlich, sondern einfach ständig im Wandel begriffen sind.

Die ersten fünf Bestandteile

Traditionell werden zweiunddreißig Bestandteile des Körpers genannt, die vollständige Liste finden Sie auf den folgenden Seiten. Zum Einstieg in die Thematik sehen wir uns die ersten fünf in der Aufzählung genannten Bestandteile an: Haupthaar, Körperhaar, Nägel, Zähne, Haut. Dies sind auch die Bestandteile, die wir an einem Menschen meist als Erstes zu sehen bekommen. Es wird viel Geld ausgegeben, um diese Partien in Schuss zu halten. Wir lassen uns die Haare färben, die Zähne bleichen, die Gesichtshaut mit kosmetischen Masken auffrischen, um uns attraktiver zu fühlen. Vielleicht auch um unser natürliches Erscheinungsbild vor anderen zu verbergen.

Wir können diese fünf Bestandteile stellvertretend für den ganzen Körper betrachten, schließlich ist zwischen dem Kopfhaar und den Zehennägeln irgendwie auch alles andere zu finden.

Manche können schon durch die achtsame Betrachtung eines einzigen Körperteils zu wichtigen Einsichten kommen. Wenn wir beispielsweise unser Kopfhaar mit klarem Begreifen betrachten, geht uns auf, dass es sich ständig ändert. Und von den sichtbaren Teilen des Körpers können wir getrost auf die unsichtbaren schließen: Alles ist in ständiger Änderung begriffen.

Ich gebe Ihnen im Folgenden ein paar Anregungen zu Ihrer Achtsamkeitsmeditation über die ersten fünf Bestandteile des Körpers.

Kopfhaar. Unser Kopfhaar ist nicht nur leicht zu sehen, sondern steht auch ziemlich im Vordergrund unseres Bewusstseins, sodass wir an ihm die kurzzeitigen und langfristigen Veränderungen leicht erkennen können. Am Montag, frisch gewaschen, kann es atemberaubend und glamourös wirken, aber schon am nächsten Tag, wenn wir es nicht erneut waschen, hängt es vielleicht bereits wieder herab und ist strähnig, wenn es nicht gar zu riechen anfängt. Und erst die Veränderungen über die Jahre! Das schöne dunkle Haar wird grau und dann weiß, und womöglich geht es uns aus und lässt zuerst schüttere, dann kahle Stellen durchscheinen.

Diese Betrachtung lässt sich noch vertiefen, wenn wir uns vergegenwärtigen, wie unterschiedlich unsere Einstellung zu Haaren ist, je nachdem, wo sie sich befinden. Zum Beispiel: Wie kann man auf die Haare auf dem Kopf stolz sein und sie in der Suppe eklig finden? Andererseits können Haare sogar heiligen Zwecken dienen. Die Legende erzählt von einer Prinzessin Hemamala, die einen Zahn des Buddha in ihren Haarknoten einband und so sicher nach Sri Lanka brachte. Wenn wir uns mit klarem Begreifen auf die Natur von Haar besinnen, spielt es keine Rolle, ob es auf dem Kopf wächst, in der Suppe schwimmt oder eine Reliquie birgt – unsere Haltung zu ihm ist immer gleich.

Körperhaar. Auch unsere Haltung zur Körperbehaarung ist veränderlich. Als Mann rasiert man es entweder ab oder lässt sich einen Bart wachsen, den man trimmt oder zwirbelt, je nachdem, wovon man sich mehr Attraktivität verspricht. Aber der schönste Bart, vom Körper getrennt, ist einfach gar nichts mehr oder sogar abstoßend. Frauen wenden viel Zeit und Geld für die Gestaltung ihrer Augenbrauen auf und entfernen unerwünschtes Körperhaar. Wir sehen uns das alles an und sagen uns: »Haar ist einfach Haar. Unabhängig davon, wo es am Körper vorhanden ist oder nicht, besitzt es in sich selbst keinerlei Wert. Im Übrigen ist das Körperhaar nicht *mein*. Es ist nicht *ich* und schon gar nicht *mein Ich*. Es ist so vergänglich wie alles andere an diesem Körper und Geist. Es verschwindet. Es ist leer.«

Nägel. Nägel können ganz ansehnlich sein, solange sie sich an unseren Fingern und Zehen befinden. Man kann sie in allerlei Farben lackieren, um sie zu betonen. Nägel sind sehr nützlich als Schutz der Finger- und Zehenspitzen. Mit der Schönheit der Nagelspäne nach dem Schneiden ist es dagegen nicht weit her. Unter den Fingernägeln fängt sich allzu leicht Schmutz, wenn nicht gar Kopfgrind vom Kratzen oder sogar Ohrenschmalz. Elastische und gesund aussehende Nägel werden mit den Jahren alt, gelb und brüchig. Pilzkrankheiten, eingewachsene Nägel und dergleichen Ungemach können sehr lästig und schmerzhaft sein. Wenn wir uns das vor Augen führen, ist uns klar, dass Nägel vergänglich und unbefriedigend sind. Sie sind nicht *ich,* sie sind nicht *mein Ich*.

Zähne. Zähne haben einen höheren Nutzwert als Haare und Nägel. Über starke und gesunde Zähne sind wir froh. Allerdings können die Zähne uns auch sehr unfroh machen. Manche haben schreckliche Angst vor dem Zahnarzt, und jeder erinnert sich lebhaft an das letzte Mal, dass ein Zahn gezogen wurde. Ist der Zahn dann draußen, kann er noch so nützlich, stark und schön gewesen sein – jetzt ist er unnütz geworden und bietet einen grausigen Anblick. Wir bekommen ihn zwar in die Hand, aber wir nehmen ihn wirklich nicht gern mit nach Hause. Kurz, Zähne sind wie alle

Bestandteile des Körpers vergänglich und unbefriedigend. Sicher, der Zahn war mal in meinem Mund, aber er ist nicht *ich*.

Haut. Haut kann als Zeichen der Schönheit gesehen werden, dazu muss sie aber eine bestimmte Farbe haben und glatt sein. Welche Farbe schön ist, hängt davon ab, wo wir leben. Haut ist außerdem nützlich. Ob etwas hart, weich, rau oder glatt ist, nehmen wir über die Haut wahr. Darüber hinaus ist die Haut an der Regulierung der Körpertemperatur beteiligt. Wenn uns heiß ist, sondert die Haut Schweiß ab und kühlt uns auf diese Weise. Hautkontakt ist für Neugeborene so wichtig, dass sie sterben können, wenn sie ihn nicht bekommen.

Die Haut kann uns jedoch auch Unbehagen bereiten, etwa mit juckenden oder brennenden Ausschlägen. Alle Kosmetika verhindern nicht, dass die Haut faltig, schlaff und fleckig wird. Jeden Tag trocknet Oberhaut aus und stirbt ab – gewöhnlicher Hausstaub besteht zu einem erheblichen Teil aus Hautschuppen, aus abgestorbener Haut! Und dann soll es ja auch noch Diskriminierung allein aufgrund der Hautfarbe geben.

Wenn wir uns das alles vergegenwärtigt haben, sagen wir uns: »Haut ist wie jeder andere Bestandteil des Körpers weder hässlich noch schön. Sie ist nützlich, bringt aber auch Unbehagen mit sich. Sie ist vergänglich und unbefriedigend. Sie ist nicht *mein*. *Ich* bin nicht ›meine‹ Haut. Sie ist nicht *mein Ich*.«

Achtsamkeit auf die zweiunddreissig Körperbestandteile

Wir haben nun stellvertretend die traditionell zuerst genannten fünf Körperbestandteile betrachtet. Die insgesamt zweiunddreißig Bestandteile werden in Gruppen eingeteilt: Die ersten vier Gruppen von jeweils fünf Bestandteilen, zusammen also zwanzig, werden dem Element Erde zugeordnet. Die beiden letzten Gruppen von jeweils sechs Bestandteilen, zusammen also zwölf, gehören zum Wasser-Element.

Ich stelle Ihnen im Folgenden die traditionelle Einteilung mit ihren beiden Hauptkategorien und sechs Gruppen vor. Anschließend möchte ich Ihnen Anregungen für die Achtsamkeitsmeditation über die Körperbestandteile geben.

Zwanzig dem Element Erde zugeordnete Körperbestandteile:
▶ Kopfhaar, Körperhaar, Nägel, Zähne, Haut;
▶ Fleisch, Sehnen, Knochen, Knochenmark, Nieren;
▶ Herz, Leber, Zwerchfell, Milz, Lunge;
▶ Dickdarm, Dünndarm, Mageninhalt, Darminhalt, Gehirn.

Zwölf dem Element Wasser zugeordnete Körperbestandteile:
▶ Galle, Schleim (Atemwege), Eiter, Blut, Schweiß, Fett;
▶ Tränen, Lymphe, Speichel, Schleim (sonstige Körperregionen), Gelenkflüssigkeit, Harn.

KERNELEMENTE DER MEDITATION ÜBER DIE ZWEIUNDDREISSIG KÖRPERBESTANDTEILE

Diese Meditation kann Sie darin unterstützen, sich mit Ruhe und Augenmaß selbst zu helfen, wenn der Körper einmal nicht mitspielt. Manchmal lässt sich die Heilung beschleunigen, wenn Sie sich auf den kranken oder verletzten Teil mit Gedanken der Heilung konzentrieren. Da ist es nützlich, wenn Sie über starke Kräfte der Aufmerksamkeit, Konzentration und Visualisation verfügen, und die erarbeiten Sie sich mit dieser Meditation. Ein zweiter Vorteil der Meditation: Wenn Sie das wahre Wesen des Körpers erfasst haben, bringt Sie auch der Gedanke an den Tod nicht mehr aus der Fassung.

- Lassen Sie zu Beginn Ihrer Meditation ein Gefühl herzlicher Zuwendung zu allen Lebewesen in sich wach werden.
- Halten Sie sich vor Augen, mit welcher Absicht Sie über die zweiunddreißig Bestandteile des Körpers meditieren wollen: Sie möchten Stolz und Abscheu gegenüber Ihrem eigenen Körper sowie Begierde und Ekel gegenüber den Körpern anderer überwinden. Sie möchten alle Körper und Körperbestandteile mit ausgeglichenem, gelassenem Geist betrachten.
- Meditieren Sie über die ersten fünf zum Erd-Element gehörenden Bestandteile, indem Sie sich Gedanken der von mir vorgeschlagenen Art vor Augen halten. Bleiben Sie bei diesen fünf, bis sie Ihnen ganz klar gegenwärtig sind.
- Danach meditieren Sie über die nächsten fünf Bestandteile, die Sie wiederum in der beschriebenen Weise betrachten. Es sind die Körperbestandteile, die Sie aufrecht halten und Ihnen das Gehen und alle anderen körperlichen Aktionen ermöglichen. Natürlich können Knochen auch zur Ursache von Leiden werden; jeder, der sich einen Arm oder ein Bein gebrochen hat, weiß das sehr genau.
- Schließen Sie eine Meditation über beide Gruppen zusammen, also über zehn Bestandteile an. Fügen Sie auf diese Weise weitere Gruppen hinzu, bis sie alle zwanzig zum Element Erde gehörenden Körperbestandteile in einer Meditation vereinigt haben.
- Bedenken Sie aber, dass es nicht genügt, einfach die Namen der Körperbestandteile aufzusagen. Stellen Sie sich all die unter der Haut verborgenen Dinge möglichst plastisch vor. Begleiten Sie das mit Gedanken, wie wir sie zu den ersten fünf Bestandteilen entwickelt haben.
- Als Nächstes fügen Sie die erste Gruppe der sechs flüssigen Körperbestandteile hinzu. Meditieren Sie darüber, bis Ihnen alles ganz klar innerlich gegenwärtig ist. Schließlich folgt die letzte Gruppe der sechs zum Element Wasser gehörenden Körperbestandteile.

▶ Werden Sie sich bei der Meditation über die zwölf flüssigen Körperbestandteile bewusst, dass sie nicht gerade Ihr ganzer Stolz sind und nicht das, womit Sie andere beeindrucken können, dass sie aber trotzdem wichtig und von großem Nutzen für Sie sind. Das hilft sicher gegen aufkommende Ekelgefühle.

▶ Sollte es Körperbestandteile geben, von denen Sie kein klares Bild bekommen, übergehen Sie sie erst einmal, und halten Sie sich an die anderen. Sobald Ihre Achtsamkeit gegenüber den klaren Körperbestandteilen gefestigt ist, können Sie sich den eher verschwommenen zuwenden und über sie meditieren, bis sie ebenfalls klar werden.

▶ Es gibt keine Regel für die Länge Ihrer Meditation über die einzelnen Bestandteile und Gruppen. Bei manchen dauert es einfach länger als bei anderen, bis sie zu Achtsamkeit und klarem Begreifen finden.

▶ Es geht darum, die Vergänglichkeit jedes der zweiunddreißig Körperbestandteile zu erkennen. Alles, was entsteht und wächst und dann krank wird, verfällt und stirbt, kann keine anhaltende Befriedigung verschaffen. Machen Sie sich ganz klar, dass nichts davon *mein* ist, dass *ich* nichts davon bin, dass nichts davon *mein Ich* ist.

ACHTSAMKEIT AUF DIE ELEMENTE IM KÖRPER

Wir sind den vier Elementen Erde, Wasser, Hitze und Luft bereits im Zusammenhang mit der Achtsamkeit auf den Atem und auf die Haltung begegnet. Sodann habe ich erklärt, dass die zweiunddreißig Bestandteile des Körpers zum Erd-Element und zum Wasser-Element gehören. Was zu diesen beiden Elementen zählt, kann vom Berührungssinn erfasst werden, weshalb man an ihnen die Achtsamkeit besonders gut einüben kann. Die Elemente Hitze und Luft sind nicht so leicht zu visualisieren. Aber für die Körper-Achtsamkeit ist die Meditation über diese flüchtigen Elemente ebenfalls bedeutsam, schließlich sind sie für lebenswichtige Prozesse wie die Verdauung und den Blutkreislauf von Bedeutung.

Bei den Elementen des Körpers handelt es sich nicht einfach um physikalische Gegebenheiten, denn erst in der Verbindung der Elemente mit dem, was wir als die körperlichen Anhäufungen bezeichnen, existiert der Körper als etwas Atmendes und Lebendiges. Ich möchte dies an einem Beispiel veranschaulichen.

Denken wir an einen Metzger, der ein Schwein geschlachtet und zerlegt hat. Wenn er das Fleisch verkauft, sieht er es nicht mehr als Schwein, er verkauft einfach Fleisch – Schnitzel, Würste, Schinken. Bevor alles zu Schweinefleisch wurde, war da ein Wesen mit einer Körperform, mit Gefühlen und Wahrnehmungen, vielleicht mit Gedanken und Bewusstsein: Die Anhäufungen waren mit den Elementen verbunden. Ist das Schwein dann tot, bleiben nur die Elemente übrig.

So ist es bei Menschen auch. Solange wir leben, sind die Anhäufungen oder Daseinsgruppen mit den Elementen verknüpft. Alles, was wir tun – etwa wenn wir denken, atmen, wahrnehmen, etwas wollen oder uns unzähliger Dinge bewusst werden –, ist durch die jeweilige Kombination von Anhäufungen und Elementen bestimmt. Fühlen, Wahrnehmen, Denken und Bewusstsein dieses Lebens vergehen mit diesem Körper. Ohne die Anhäufungen ist der Körper einfach Stoff wie ein Holzscheit oder Felsbrocken: nur noch die Elemente.

Die Elemente sind im Körper nichts anderes als anderswo, sie sind immer vergänglich und ohne ein Ich. Sehen wir uns die vier Elemente einmal näher an, hilft uns das bei der Ausrichtung unserer Achtsamkeit auf den Körper und seine Prozesse.

Erde. Das Element Erde nimmt Raum ein. Es ist hart oder weich. Es kann sich dehnen und zusammenziehen. Es ist sichtbar, berührbar und wahrnehmbar. Es besitzt Gestalt, Größe und Farbe. Das ist, was wir zunächst über das Element Erde wissen. Wir sehen den Körper, aber wir können das Element Erde nicht als solches im Körper erkennen.

Das Element Erde ist wie alle Elemente vergänglich. Es mag groß, stark, vielfältig oder mächtig sein, es verändert sich doch ständig. Es gibt nichts, was diesen natürlichen Prozess aufhalten könnte. Allerdings liegt es nicht in der Macht des Menschen, das Erd-Element verschwinden zu lassen. Denken wir an unseren Planeten Erde. Ob wir unsere Notdurft auf ihr verrichten oder Löcher graben oder auf sie spucken oder Unrat auf ihr abladen oder sie säubern – das Element Erde ist immer gleich und weder enttäuscht noch erfreut von unserem Verhalten. Es wandelt sich auf die eigene Art und nach dem eigenen Rhythmus, unbeeinflusst von unserem Tun. Aber das Element Erde ist für uns durchaus nachahmenswert: In unserem Entschluss, uns zur Achtsamkeit zu erziehen, sollten wir so fest und bestimmt sein wie die Erde.

Wenn wir achtsam über das Erd-Element in einem der Bestandteile unseres Körpers meditieren, fühlen wir die Härte oder Weichheit, die Dehnung oder Kontraktion. Dieses Gefühl kann angenehm, unangenehm oder neutral sein. Wenn wir auf eine bestimmte Empfindung achten, verfolgen wir, wie sie verblasst und eine andere an ihre Stelle tritt. Das wiederholt sich immer und immer wieder. Solange wir uns nicht mit diesen Gefühlen identifizieren, vergehen sie einfach und hinterlassen schlichte Bewusstheit. Wir sind ruhig und in Frieden, emotionale Reaktionen bleiben aus. Das ist Gleichmut.

Wasser. Das Element Wasser ist flüssig und weich. Es fließt der Schwerkraft nach. Jeder Körperteil braucht Wasser, um seine Lebendigkeit zu erhalten, allen Lebewesen geht es so. Zement und Sand halten von sich aus nicht zusammen, sondern erst, wenn Wasser dazukommt. Aus diesem Zusammenhang wird ersichtlich, dass die Elemente nicht getrennt voneinander zu betrachten sind. Wenn Wasser in einem Körperbestandteil vorherrscht, ordnen wir ihn dem Element Wasser zu, Speichel, Blut und andere flüssige

Körperbestandteile enthalten dennoch auch die anderen Elemente Erde, Hitze und Luft.

Wasser ist so stark, dass es ganze Ortschaften wegschwemmen kann und mit der Zeit das härteste Gestein abträgt. Wenn man seine Kräfte gezielt nutzt, kann man mit Wasser Stahl schneiden oder Strom erzeugen. Wir ahmen das Wasser-Element nach, wenn wir unsere Konzentration einsetzen, um einen Meditationsgegenstand zu »durchdringen« und seine Vergänglichkeit, seinen leidvollen Charakter und seine Ichlosigkeit zu erkennen. So wie Wasser Verschmutzungen abwäscht, so säubert und läutert die Meditation den Geist. Wasser ist auch sanft und anschmiegsam. Bei der Meditation müssen wir anpassungsfähig wie das Wasser sein, damit wir mit allen äußeren Umständen klaglos zurechtkommen: in reibungslosem Fluss mit Menschen und Umständen – aber ohne unsere ethischen Prinzipien und unsere Achtsamkeit aufs Spiel zu setzen, das heißt, ohne uns mit Menschen zusammenzutun, die unmoralisch und unachtsam handeln.

Bei der achtsamen Meditation über das Wasser-Element in den Bestandteilen des Körpers spüren wir das Feuchte, das auch im Erd-Element wirkt. Das können angenehme, unangenehme oder neutrale Empfindungen sein. Solange wir uns nicht mit ihnen identifizieren, vergehen sie auch wieder. Wir bleiben in ruhigem, friedvollem Gleichmut ohne emotionale Reaktionen.

Hitze (Wärme). Es ist zwar keiner der zweiunddreißig Körperbestandteile dem Hitze-Element zugeordnet, aber natürlich braucht der Körper einen ausgeglichenen Wärmehaushalt, um gesund zu bleiben. Das Element Hitze bzw. Wärme ist für die Verdauung wichtig, sorgt für die Körperwärme und unterstützt die Wachstumsprozesse im Körper. Wenn wir irgendwo im und am Körper Wärme oder sogar ein Brennen verspüren, ist dieses Element im Spiel.

Das Wärme- oder Feuer-Element ist auch sonst von vielfältigem Nutzen. Wir kochen damit, und es heizt uns das Haus. Es tut in der Müllverbrennung seinen Dienst und befreit uns damit von allem nicht mehr Benötigtem – so wie wir durch Meditation unseren Geist von Unreinheiten befreien. Feuer ist aber auch gefährlich und kann zerstörerisch werden. Wenn es einmal brennt, hört es bisweilen nicht auf, bis es alles zu Asche gemacht hat. Einen Brand löschen wir mit Wasser, so wie wir gegen die inneren Feuer, die unseren Seelenfrieden mit Begierde und Ärger bedrohen, Achtsamkeit und Konzentration einsetzen.

Bei der Meditation über das Element Hitze spüren wir eine milde Wärme oder zu viel Hitze oder weder das eine noch das andere. Diese Gefühle können angenehm, schmerzhaft oder neutral sein. Solange wir uns nicht mit diesen Empfindungen identifizieren, vergehen sie auch wieder, und uns bleiben Bewusstheit, Frieden und Gleichmut.

Luft. Das Element Luft ist im Körper für Bewegungen, vor allem rhythmische Bewegungen zuständig. Luft ist in allen Hohlräumen des Körpers präsent, sie strömt ständig über die Atemwege ein und aus, sie bewegt sich in der Lunge, aber auch in den Verdauungsorganen. Das Aufstoßen und der Abgang von Blähungen sind ebenfalls Phänomene des Luft-Elements.

Außerhalb des Körpers ist das Luft-Element unbestreitbar sehr nützlich. Es kühlt den Körper mit sanftem Fächeln, und dieses Fächeln sorgt auch für Sauberkeit, sogar in höherem Sinne. Als sich der Buddha nach seiner Erleuchtung umsah und überlegte, welche Menschen wohl reif für seine Lehre waren, kam ihm der Gedanke: »Es muss Menschen geben, die nur wenig Staub in den Augen haben. Bei denen würde der kühle Luftzug des Dhamma die Augen gänzlich klären, sodass sie die Wahrheit sehen könnten.« Wir meditieren mit dem Ziel, den Staub der geistigen Verunreinigungen wegzublasen. Zu seinem Sohn Rahula sagte der Buddha: »Meditiere wie Luft.«

Bei unserer achtsamen Meditation über das Luft-Element spüren wir die sanfte Berührung der Luft oder zu viel davon oder weder dies noch das. Die Empfindung kann angenehm, unangenehm oder neutral sein. Welche Empfindung es auch sei: Wenn wir auf sie achten, bemerken wir ihr Vergehen, und dann stellt sich ein anderes Gefühl ein. Solange wir uns mit keinem dieser Gefühle identifizieren, vergehen sie und hinterlassen uns in Bewusstheit und Gelassenheit. Wir verweilen in Ruhe und Frieden.

Bei unseren Meditationen über die zweiunddreißig Bestandteile des Körpers berücksichtigen wir immer auch ihre Verbindungen zu den vier Elementen. Beispielsweise vergegenwärtigen wir uns, dass Blut die Abbauprodukte des Stoffwechsels aus dem Körper entfernen kann, weil es wie Wasser fließt und sich wie Luft bewegt. Bei diesen Meditationen sind wir uns auch immer bewusst, dass die Bestandteile und Elemente vergänglich, unbefriedigend und ichlos sind. Der Buddha sagte in seiner Lehrrede über die Elemente:

> »Ich bin«, o Bhikkhu, ist bloß vorgestellt; »ich bin dies« ist ebenfalls vorgestellt; »ich werde sein« ist vorgestellt, »ich werde nicht sein« ist vorgestellt, »ich werde Form besitzen« ist vorgestellt, »ich werde formlos sein« ist vorgestellt. Hat man alle Vorstellungen hinter sich gelassen, o Bhikkhu, wird man ein Weiser genannt, der in Frieden ist. Der Weise in Frieden wird nicht geboren, er altert nicht, er stirbt nicht. Nichts erschüttert ihn, nichts erregt ihn. Es ist nichts in ihm, woraufhin er geboren werden könnte. Da er nicht geboren wird, wie könnte er altern? Da er nicht altert, wie könnte er sterben? Wenn er nicht stirbt, was könnte ihn erschüttern? Und wenn nichts ihn erschüttert, weshalb sollte er sich aufregen?

Unsere Leiden enden, wenn uns diese Wahrheit zutiefst bewusst geworden ist.

5. Tod und Vergänglichkeit

Einst sprach der Buddha mit seinem Schüler Ananda über die Ursachen des Todes.

Der Buddha fragte: »Wenn es keinerlei Geburt irgendwelcher Art gäbe – keine Geburt von Göttern in den Stand der Götter, keine Geburt von Himmelswesen in den Stand der Himmelswesen, keine Geburt von Geistern, Dämonen, Menschen, Vierfüßlern, Geflügelten und Reptilien in deren Stand –, wenn es also keinerlei Geburt von Wesen irgendeiner Art in irgendeinen Stand gäbe, würden wir dann wohl, ohne jegliche Geburt, irgendwo Alter und Tod erkennen können?«

»Ganz sicher nicht, Ehrwürdiger«, antwortete Ananda.

»Dann, Ananda, ist wohl klar, dass es nur einen einzigen Ursprung von Alter und Tod, eine einzige Ursache und Bedingung für Alter und Tod gibt, nämlich die Geburt.«

WIR WERDEN zum Sterben geboren. Alter und Tod sind Geburtstagsgeschenke. Der Tod hat, wie der Buddha sagt, eine ganz simple Ursache, nämlich die Geburt. Wir brauchen nicht nach weiteren Gründen zu suchen, denn den wirklichen Grund tragen wir bereits mit uns herum, wie leben mit ihm. Und wir üben eine achtsame Haltung gegenüber Vergänglichkeit und Tod, wir möchten lernen, diese Realität so zu nehmen, wie sie ist.

Sich mit der Unvermeidlichkeit des Todes abzufinden ist im psychischen und spirituellen Sinne gesünder, als sich falschen Vorstellungen hinzugeben. Der Buddha sagte: »Dem Tod unterworfene Wesen wünschen sich häufig: ›Möge der Tod niemals zu mir kommen!'« Doch der Wunsch nach Leben hält den Tod nicht fern. Deshalb lehrte der Buddha die Meditation über den Tod, sogar mit einer Leiche als Meditationsobjekt, denn so können wir lernen, unserer Sterblichkeit in einer von Angst und Aberglauben freien Haltung zu begegnen.

Es heißt, wenn es eine Welt gäbe, in der ein Menschenleben tausend Jahre dauerte, würde in jener Welt kein Buddha erscheinen, weil niemand so recht verstünde, was eigentlich mit Vergänglichkeit gemeint ist. Schon in dieser vertrauten Welt, in der nur wenige über hundert Jahre alt werden, ist es schwierig, sich die Unvermeidlichkeit des Todes bewusst zu halten. Wenn einer ein hohes Alter erreicht und dabei auch noch gesund bleibt, bildet er sich womöglich etwas darauf ein und bedenkt seine Sterblichkeit nicht mehr. Wer jedoch um seinen sicheren Tod weiß, wird weniger arrogant sein, und es wird ihm leichterfallen, anderen ihre Fehler nachzusehen.

Es ist nicht klug, die Vorbereitungen auf den Tod erst zu treffen, wenn wir alt werden oder den nahenden Tod spüren. Achtsamkeitsmeditation über den Tod ist das wirksamste Mittel gegen Angst und die beste Vorbereitung auf einen friedlichen Tod. Achtsamkeit ist sogar das Einzige, womit sich der Tod besiegen lässt, wie es im Sutta heißt:

> Achtsamkeit ist der Weg zum Todlosen,
> Achtlosigkeit der Weg in den Tod.
> Die Achtsamen sterben nicht,
> die Unachtsamen sind bereits tot.

Drei Arten von Tod

Was aufgrund von Ursachen und Bedingungen ins Sein tritt, ist vergänglich. Da wir aufgrund von Ursachen und Bedingungen geboren werden, sind wir vergänglich. Haben wir die Vergänglichkeit richtig verstanden, wissen wir auch über den Tod Bescheid. Wie schon mehrfach erwähnt, existieren alle Dinge, Ereignisse und Lebewesen in drei Phasen, sie entstehen, sie bestehen und sie vergehen. Jede Zelle unseres Körpers, jedes Gefühl, jede Wahrnehmung, jeder Gedanke und sogar das Bewusstsein als solches entsteht, erreicht das Stadium der Reife und endet schließlich. Das ist die Natur aller aufgrund von Bedingungen entstandenen Dinge.

Der Buddha lehrte drei Arten von Tod: Augenblicks-Tod, Tod im gewöhnlichen Sinne und ewigen Tod. *Augenblicks-Tod* wird so genannt, weil er sich jeden Augenblick ereignet. Jeden Moment sterben unzählige Zellen unseres Körpers ab. Von den Biologen wissen wir, dass unsere Knochen in jeder Sekunde rund zweieinhalb Millionen neue Zellen als Ersatz für absterbende Zellen hervorbringen. Aber unsere Gefühle, Wahrnehmungen, Gedanken und das Bewusstsein sterben ebenfalls, neue Gefühle, Wahrnehmungen, Gedanken und neues Bewusstsein entstehen und treten an deren Stelle. Geistige Prozesse wandeln sich noch schneller als alles, was auf der physischen Ebene vor sich geht. Wir üben Achtsamkeit, um zu lernen, auch diese unvorstellbar schnellen Wechsel des geistigen Geschehens bewusst zu erleben.

Auf den Niedergang des Körperlichen werden wir nur anhand der Spuren aufmerksam, die er hinterlässt. Nach einem Unwetter sehen wir die umgestürzten Bäume, die abgedeckten Dächer, die Überflutungen. In ähnlicher Weise zeigt sich das Altern in Falten, dem Verlust von Zähnen, dem gebeugten Rücken, dem langsamen Gang, der langsamer werdenden Sprechweise, der trockenen Kehle, den schwachen Augen, dem nachlassenden Geschmackssinn und Gehör, dem abnehmenden Appetit, dem grauen Haar. Wenn wir alle diese Veränderungen verfolgen, wird uns irgendwann klar, dass wir nicht mit einer Rückfahrkarte auf die Welt kommen.

Am Ende dieses Alterungsprozesses steht der *Tod im gewöhnlichen Sinne*. Davon sprechen wir im Allgemeinen, wenn wir das Wort »Tod« verwenden. Aber der gewöhnliche Tod ist einfach die

Tür zu neuem Leben. Unzählige Male haben wir diesen Tod schon erlebt und unzählige Geburten ebenfalls. Einen vollen Zyklus aus Augenblicks-Toden und Augenblicks-Wiedergeburten, an dessen Ende der gewöhnliche Tod steht, nennen wir »ein Leben«. Ein weiterer Zyklus ist auch wieder ein Leben. Dieses zyklische Verlaufsmuster bringt große Leiden mit sich, und im Buddhismus geht es darum, diesen Kreislauf ein für allemal zu beenden.

An diesem Ende tritt der *ewige Tod* ein. Augenblicks-Tod und gewöhnlicher Tod sind zeitliche Phänomene, hinter beiden tun sich Räume und Zeiten für eine weitere Geburt auf. Dann müssen wir den Leidenszyklus noch einmal durchlaufen – wir haben den Verlust von Angehörigen und Freunden zu beklagen, bis wir schließlich selbst alt werden und sterben. Wenn wir jedoch den ewigen Tod sterben, sind unsere Leiden für immer beendet. Es liegen dann keine weiteren Zyklen von Tod und Wiedergeburt mehr vor uns. Jeder Tod ist ein Aufhören, doch der ewige Tod ist ein Aufhören ohne erneute Geburt, ein Aufhören, auf das kein neues Entstehen folgt. Dieses Aufhören ist Nibbana, endgültige Befreiung von allen Leiden. Nibbana ist Frieden.

Meine Nahtod-Erfahrungen

Jeden Abend, wenn ich zu Bett gehe, denke ich: »Heute Nacht könnte ich im Schlaf sterben.« Der Gedanke beunruhigt mich nicht, schließlich habe ich meinen Tag mit Dhamma-Arbeit verbracht. Ich finde es schön, mit dem befriedigenden Gefühl eines vollen Tagwerks zu sterben. Im Übrigen habe ich etliche Nahtod-Erfahrungen gemacht, durch die ich weiß, was der Tod ist und wie er eintritt. Auch das hat dazu beigetragen, dass ich von jeglicher Todesfurcht frei geworden bin.

In meiner Kindheit und Jugend wäre ich mehrmals beinahe ertrunken. In den Grundschuljahren mussten mein Bruder und ich auf dem Schulweg einen kleinen Bach überqueren. Schwimmen konnten wir beide nicht. Meine Mutter war immer in Ängsten, dass wir in diesem Bach ertrinken könnten. Jeden Tag, wenn sie am Ende des Unterrichts die Schulglocke hörte, ging sie zur Tür unseres Hauses und blieb dort stehen, bis wir kamen. Sie wusste wohl, wie sehr uns der Bach lockte. Am liebsten hätten wir unsere Schulsachen ans Ufer geworfen und unsere Sarongs ausgezogen, um uns ins kühle Wasser zu stürzen.

Manchmal taten wir das auch. Dann schrie unsere Mutter aus Leibeskräften zu uns herüber, bis wir widerwillig dem Bach entstiegen. Einmal jedoch verpasste sie den Augenblick, in dem wir ins Wasser sprangen, und so konnte das Abenteuer seinen Lauf nehmen. Die Strömung riss mich sofort mit und in einen Strudel unter einem überhängenden Uferabschnitt. Ich ruderte wie wild mit den Armen, doch der Strudel zog mich in die Tiefe. Irgendwie fischte mein Bruder mich wieder heraus.

Als ich ein wenig älter war, rettete mich ein anderer Bruder aus einem Bewässerungsgraben, der nach heftigem Monsunregen zu einem reißenden kleinen Fluss angeschwollen war. Unseren Eltern haben wir von solchen Vorfällen nichts erzählt. Wer weiß, was passiert wäre, wenn sie davon erfahren hätten.

Das schlimmste Erlebnis dieser Art fiel in das Jahr 1945, da war ich achtzehn. Ich wartete auf den Zug, mit dem ich zur Schule fuhr, einer Schule für junge Mönche. Ein kleiner Novize, vielleicht acht oder neun Jahre alt, fragte mich, ob ich nicht schnell noch mit ihm in den Fluss gleich neben dem Bahnhof springen wolle. Ich konnte zwar immer noch nicht schwimmen, mochte es aber diesem kleinen Novizen nicht abschlagen. Er band sich die Unterkleidung fester, sprang ins Wasser und schwamm hinüber. Als er mich immer noch am Ufer stehen sah, rief er: »Spring!« Um mich nicht zu blamieren, raffte ich meine Unterkleidung zusammen und sprang, merkte aber sofort, dass ich einen schweren Fehler begangen hatte. Das Wasser war an dieser Stelle ziemlich tief, und ich sank bis zum Grund und schluckte eine Menge schmutziges Wasser.

Schließlich muss dem kleinen Novizen wohl aufgegangen sein, dass ich nicht schwimmen konnte. Sofort war er da und versuchte, meinen Kopf über Wasser zu halten, aber er war einfach zu schmächtig, um mich an Land zu ziehen. Ich riss ihm in meiner Panik auch noch die Wäsche vom Leib. Schließlich schwamm er ans Ufer und schrie um Hilfe, und ein Mann sprang durch das Fenster eines Restaurants ins Wasser. Der Novize zeigte auf die Stelle, wo ich sein musste, und rief, ich sei vielleicht schon ertrunken.

Ich war inzwischen dreimal kurz an die Oberfläche gekommen und wieder versunken. Beim letzten Auftauchen sah ich die ganze Welt als eine rote Kugel. Dann ging ich wieder unter, ich erinnere mich an den Grund des Flusses und wie plötzlich ein Mann da war, und ich dachte: »Was macht der denn hier?« Als ich das nächste Mal die Augen aufschlug, war dieser Mann über mir, beendete seine Mund-zu-Mund-Beatmung, lächelte und richtete sich auf. Da erst sah ich die Menge der Schaulustigen, die das Ganze verfolgt hatten.

Inzwischen habe ich die ganze Welt bereist und oft das Meer überquert, aber in der Nähe von Gewässern ist mir immer noch ein wenig mulmig zumute. Dennoch haben mich diese Erlebnisse und etliche weitere äußerst haarige Situationen gelehrt, den Tod nicht mehr zu fürchten. Ich habe mich sehr bemüht, nach den vom Buddha gelehrten Grundsätzen zu leben, und sage mir einfach: »Ich habe in diesem Leben getan, was ich konnte.«

Jeden Tag während meiner Achtsamkeitsmeditation besinne ich mich auf die Vergänglichkeit aller Dinge. Solche Gedanken geben mir ein Gefühl von tiefem Frieden. Diese Haltung gegenüber dem Tod einzunehmen wäre für jeden von uns von Vorteil: zu wissen, dass alles sich ändert, auch ich, dass alles stirbt und verschwindet.

Vorbereitung auf den Tod

Jeden Tag bei unserer Meditation sollten wir im Rahmen unserer Übung der Körper-Achtsamkeit auch an den Tod denken. Mit dieser Betrachtung der Unausweichlichkeit unseres Todes tun wir das für einen friedvollen Tod und eine günstige Wiedergeburt Erforderliche. Wir rufen uns in Erinnerung, dass das Leben kurz, der Tod uns gewiss, der Zeitpunkt seines Eintretens jedoch ungewiss ist. Das motiviert uns, Großzügigkeit und Herzensgüte zu üben und unserer Praxis mit Hingabe nachzugehen – man könnte von einem Gefühl der spirituellen Dringlichkeit sprechen.

Unsere Meditation über den Tod können wir mit Worten wie diesen begleiten:

»Vielleicht sterbe ich morgen. Alle, die in der Vergangenheit gelebt haben, sind tot, alle, die jetzt leben, gehen ihrem Tod entgegen, und alle, die künftig zur Welt kommen, werden ebenfalls sterben, ausnahmslos. Es ist nicht sicher, ob ich meine Vorhaben noch vollenden kann oder so und so alt werde. Aber Gier, Enttäuschung, Ärger, Angst, Eifersucht, Unrast, Sorgen, Trägheit, Einbildung, Falschheit, Ruhmsucht und andere verblendete Geistesverfassungen – die sollte ich vor meinem Tod überwunden haben.
Der Buddha hat alle diese inneren Hindernisse besiegt. Und sogar er, der vollkommen Erleuchtete, fand schließlich seinen Tod. Das möchte ich ganz verstehen, daran möchte ich mich alle Tage erinnern und daraus den Mut schöpfen, mich meinem Tod zu stellen.«

Auch die folgenden kurzen Aussprüche des Buddha lassen sich sehr gut in unsere Meditation einbinden:

Der Tod kommt stets mit der Geburt daher.

Gleich allen, die zu großem Erfolg in der Welt kamen, werde auch ich sterben.

Ich, der ich von Augenblick zu Augenblick sterbe, könnte von jetzt auf gleich tot sein.

Das Leben der Sterblichen ist zeichenlos, seine Länge lässt sich vor seinem Ende nicht abschätzen.

Wie Früchte, wenn sie reif sind, abfallen müssen, und wie alle Gefäße des Töpfers irgendwann zerbrechen, so muss auch das Leben der Sterblichen einmal enden.

Unaufhaltsam vorwärtsstürmend strebt das Leben seinem Ende zu wie die aufgehende Sonne ihrem Untergang.

Leichen-Meditation

Es ist ganz wichtig, dass wir uns zur Vorbereitung auf den Tod zu einer realistischen Haltung erziehen. Traditionelle Rituale zu Ehren der Toten haben oft nur Angst und Aberglauben als Hintergrund oder zeugen davon, dass man sich nicht von den Toten lösen möchte. Auf diesem Wege versuchen wir unsere Erinnerungen an verstorbene geliebte Menschen zu verarbeiten. Auch die in vielen Kulturen bis heute geübte Ahnenverehrung dürfte von diesem Anhaften an den Verstorbenen abgeleitet sein. Man kann sogar an der eigenen Leiche hängen. Manche Leute sagen: »Sterben finde ich nicht weiter schlimm, aber verscharrt oder verbrannt zu werden, das finde ich schrecklich.« Dann hinterlegen sie beizeiten genaue Anweisungen zum Umgang mit ihrer Leiche.

Aber mit diesem starken Anhaften und mit den üblichen abergläubischen Praktiken erschweren wir uns das Bewusstsein des Todes und der Vergänglichkeit unnötig. Von manchen Menschen höre ich, dass sie die Achtsamkeitsmeditation über den Tod als allzu unangenehm empfinden und am liebsten überspringen würden. Sie möchten einfach nicht daran denken oder sich ausmalen, wie die Würmer die verwesenden Leichen ihrer Lieben fressen. Aber nach der Theravada-Überlieferung ist der Körper, wenn alles Fühlen, die Wärme und das Bewusstsein aus ihm gewichen sind, wie ein Holzscheit. Eigentlich sogar weniger als ein Holzscheit, denn der hat wenigstens einen Nutzwert! Ein von seiner Lebenskraft verlassener Körper, eine Leiche, dient allenfalls noch dem Medizinstudenten, der ihn seziert, um unmittelbares Anschauungswissen über den Körper und seine Krankheiten zu gewinnen.

Vielleicht hängen Angst und Aberglaube in der modernen Welt auch damit zusammen, dass wir kaum noch Leichen zu sehen bekommen. Und selbst wenn uns durch einen Tod im Verwandtenkreis Gelegenheit dazu geboten wird, möchten viele sie nicht wahrnehmen und delegieren alles Notwendige an den Bestattungsunternehmer. Sie sagen: »Nein, ich will mir den toten Körper meiner Mutter nicht ansehen. Ich möchte sie so in Erinnerung behalten, wie ich sie kannte, lebendig und gesund.« Bereitwillig begleichen sie alle Rechnungen des Bestattungsunternehmens, vielleicht als eine Art Ablass.

In der Zeit des Buddha schlug man menschliche Verstorbene in weiße Tücher ein und legte sie sodann auf Bestattungsplätze, wo sie von Tieren gefressen wurden. Damals fanden die Menschen Freude an dem Gedanken, selbst mit ihrem toten Körper noch Gutes für andere zu tun. Mönche wurden beauftragt, diese Bestattungsplätze aufzusuchen und die Leichentücher zu bergen. Das Mönchsgewand des Buddha war aus solchen Leichentüchern angefertigt. Wenn die Mönche gründlich in die Achtsamkeit auf den

Körper eingeführt waren, wurden sie zur Leichen-Meditation auf einen Bestattungsplatz geschickt. Diese Meditation ist am ehesten geeignet, allem Aberglauben im Zusammenhang mit dem Tod ein Ende zu bereiten.

Wir werden heute kaum noch die Möglichkeit haben, den tatsächlichen Zerfallsprozess einer Leiche zu verfolgen, aber wir können unsere Fantasie zur Hilfe nehmen. Natürlich ist diese Meditation nicht dazu da, unsere Trauer zu verstärken oder andere morbide Regungen hervorzurufen. Wir wollen uns einfach die Vergänglichkeit des Körpers möglichst klar vor Augen führen. Die Meditation über den Zerfall des Körpers nach dem Tod setzt spirituelle Reife und emotionale Stabilität voraus.

Wenn Sie alle anderen Facetten der Körper-Achtsamkeit gründlich geübt haben, können Sie es mit der Leichen-Meditation versuchen. Stellen Sie sich eine menschliche Leiche vor, einen Tag, zwei, drei Tage alt. Vergleichen Sie Ihren Körper mit dieser Leiche. Die Gedanken dazu können ungefähr so aussehen:

»Das ist in meinem Körper ebenso angelegt, er wird einmal so sein wie diese Leiche. Dazu wird es kommen, kein Zweifel. Zwei, drei oder vier Tage nach meinem Tod wird mein Körper aufgetrieben sein und keine Farbe mehr aufweisen, er wird sich zersetzen und sehr übel riechen. Er fühlt nichts mehr, er nimmt nichts wahr, er denkt nichts. Er verwest. Er wird von Tieren gefressen. Das Fleisch zerfällt, das Blut trocknet ein, Sehnen zerfasern. Die Knochen lösen sich voneinander. Auch Knochen zerfallen. Sie werden immer poröser und zerfallen schließlich zu Krümeln und dann zu Staub. Wenn dann wieder einmal ein Windstoß hineinbläst, ist alles weg.«

Wir können uns auch bei dieser Meditation an Aussprüche des Buddha halten. Zum Beispiel:

Wenn Lebendigkeit, Wärme und Bewusstsein diesen Körper verlassen haben, liegt er da wie anderen Lebewesen zum Fraß vorgeworfen, willenlos.

Nicht lange, und dieser Körper liegt wie abgelegt auf dem Boden, bar jeglichen Bewusstseins wie irgendein Stück Holz.

Kernpunkte der Achtsamkeit auf den Tod

Viele Male erinnerte uns der Buddha daran, dass das Leben kurz, der Tod gewiss, der Zeitpunkt des Todes aber ungewiss ist. So sagte er, das Leben sei »wie eine Flamme, die der Wind ausbläst«, oder »wie ein Blitz, eine Blase, wie Tau oder wie aufs Wasser gemalte Linien«. Mit der Meditation über solche Beispiele entwickeln wir unsere Todes-Achtsamkeit.

- ▶ Denken Sie immer daran, dass keinem Menschen, der jemals gelebt hat, wie erfolgreich, berühmt, mächtig oder heilig er auch gewesen sein mag, der Tod erspart geblieben ist. Auch der Buddha starb.
- ▶ Denken Sie auch daran, dass die Geburt die Ursache des Todes ist und Sie im Moment Ihrer Geburt angefangen haben zu sterben.
- ▶ Die unzähligen Augenblicks-Tode dieses Lebens laufen unweigerlich auf den gewöhnlichen Tod hinaus. Sie können diesen Tod auf keine Art und Weise verhindern.
- ▶ Achtsamkeitsmeditation über die Vergänglichkeit aller Dinge, auch Ihres Körpers, Ihres Fühlens und Denkens, Ihrer Wahrnehmung und Ihres Bewusstseins, führt Sie zu einer realistischen Einschätzung des Todes.
- ▶ Das klare Bewusstsein des Todes vermittelt uns ein Gefühl von

spiritueller Dringlichkeit, und das ist die denkbar beste Vorbereitung auf einen friedlichen Tod und eine glückliche Wiedergeburt.

- Es ist nicht sinnvoll, an Verstorbenen und ihren Leichen zu hängen. Todes-Achtsamkeit hilft Ihnen, solchen Aberglauben zu überwinden.
- Wenn Sie die verschiedenen Aspekte der Körper-Achtsamkeit – den Atem, die vier Haltungen, das klare Begreifen, die zweiunddreißig Bestandteile und die vier Elemente – in Ihrer Meditation gründlich geübt haben und außerdem psychisch stabil sind und die erforderliche spirituelle Reife besitzen, sollten Sie die Leichen-Meditation üben.

Teil 2

Achtsamkeit auf die Gefühle

6. Empfindungen und Gefühle

Von der Last seiner Jahre beschwert, suchte der Laie Nakulapita den Buddha auf. Er sagte:»Ich bin alt, Ehrwürdiger, und in meinem letzten Lebensabschnitt. Der Körper ist gebrechlich und immer häufiger krank. Möge der Gesegnete mich unterweisen.«

»Genauso ist es, Hausvater«, erwiderte der Buddha.»Würde einer, der einen Körper wie deinen mit sich herumträgt, auch nur einen Augenblick lang behaupten, er sei gesund, wäre das nicht reine Torheit? Mit diesem Gedanken übe dich nun: ›Mag auch mein Körper von Gebrechen geplagt sein, mein Geist ist von Plagen frei.‹«

Nakulapita war entzückt über die Worte des Erhabenen. Er verneigte sich vor dem Buddha und ging davon. Er suchte aber den Ehrwürdigen Sariputta auf und bat ihn um eine Erläuterung der kurzen Worte des Buddha.

Der Ehrwürdige Sariputta sagte:»Wer mit der Lehre des Buddha noch nicht vertraut ist, betrachtet die fünf Anhäufungen als sein Ich. Verändern sich die Anhäufungen dann oder verfallen gar, kommt es zu Kummer, Schmerzen und Klagen, zu Gram und Verzweiflung. So ist er an Körper und Geist mit Plagen behaftet.

Ein edler Schüler andererseits, der den Dhamma vernommen hat, versteht die Anhäufungen nicht als sein Ich. Sie mögen sich ändern – es werden in ihm dennoch keine Klagen aufkommen, kein Schmerz, kein Gram, keine Verzweiflung. Da mag sein Körper dann gebrechlich und krank werden, sein Geist wird es nicht sein.«

Nakulapita war von Herzen froh über diese Worte, sicherten sie doch sein Wohl und sein Glück auf lange Zeit.

DIE GESAMTE LEHRE des Buddha, könnte man sagen, zielt im Grunde auf Gefühle und Empfindungen. Gegen Ende seines Lebens und nach fünfundvierzig Jahren, in denen er gelehrt hatte, sagte er: »Ihr Bhikkhus, ich habe nur zwei Dinge gelehrt, nämlich das Leiden und die Beendigung des Leidens.« Die Geschichte von Nakulapita enthält die Essenz der Lehre von der Beendigung des Leidens. Solange wir Körper, Sinne und Bewusstsein nicht geschult haben, erleiden wir durch Alter und Krankheit bedingte körperliche Schmerzen und außerdem seelische Schmerzen wie Kummer und Trauer.

Unsere Leiden rühren, wie der Ehrwürdige Sariputta weiter ausführt, daher, dass wir die fünf Anhäufungen Körper, Gefühle, Wahrnehmungen, Gedanken und das Bewusstsein als in unserem Ich enthalten beziehungsweise unser Ich als in den Anhäufungen enthalten wahrnehmen. Dieses Gefühl, das wir alle haben, nämlich »ich bin« oder »ich existiere«, ergibt sich aus unserem Anhaften an den Anhäufungen, die wir als *ich* oder *mein* betrachten.

Aber mit der zweiten Grundlage der Achtsamkeit, der Achtsamkeit auf unser Fühlen, können wir die unvermeidlichen Schmerzen des Lebens, beispielsweise Alter und Krankheit, für die Schulung unseres Geistes nutzen, indem wir sie zu Objekten unserer Meditation machen. Damit sollten wir allerdings nicht warten, bis wir wie Nakulapita alt und krank werden. Besser, wir machen es uns jetzt schon zur Gewohnheit, dann wissen wir, wenn wir Schmerz erleben müssen, dass der Schmerz wie alles im Leben vergänglich ist. Außerdem gibt es für uns kein dauerhaftes Ich, das diese Schmerzen erfährt. Wenn wir uns also spirituell entwickeln und diese Wahrheit erkennen, mögen körperliche und seelische Schmerzen zwar vorhanden sein, aber wir leiden nicht unter ihnen.

Am Beginn unserer Praxis der Gefühls-Achtsamkeit gilt es zwei Dinge zu beachten. Zunächst einmal müssen wir bedenken, dass sich unser Wort »Gefühl« sowohl auf Körperempfindungen als auch auf Seelenregungen, das heißt Emotionen, beziehen kann. Das gilt ebenso für den im Buddhismus verwendeten Begriff *Vedana:* Er bezeichnet Körperempfindungen und Emotionen gleichermaßen, entspricht also dem unscharfen Gebrauch unseres Wortes »Gefühl«.

Zweitens müssen wir uns vor Augen halten, dass nicht nur unangenehme Empfindungen und Gefühle wie Schmerz und Traurigkeit Leid in sich bergen, sondern auch Regungen, die wir als angenehm oder wohlig empfinden, etwa wenn wir uns etwas ersehnen oder an unseren Lieben hängen. Im *Dhammapada* heißt es: »Wie eine Flutwelle ein schlafendes Dorf mit sich reißen kann, so packt der Tod den Geist des Anhaftens in einem jeden, der in seine Kinder vernarrt ist und an seinem Vieh hängt.« Jedes Anhaften – an Kindern oder sonst einem Menschen, gegenüber Besitz, Orten, Lauten, Gerüchen, Geschmäckern, Berührungen und Ideen – ist wie Schlaf. Wenn wir an etwas hängen, und mag es noch so schön sein, sind wir nicht achtsam und setzen uns deshalb der Gefahr von Leiden aus. Sind wir dagegen frei von Begehren, kann sich alles in der Welt ändern, wie es will, doch wir leiden nicht.

Drei Arten von Gefühlen

Wenn wir mit der Praxis der Achtsamkeit auf unsere Gefühle beginnen, müssen wir zunächst die verschiedenen Arten von Gefühlen unterscheiden lernen. Der Buddha sprach vielfach von angenehmen und unangenehmen Gefühlen, doch er unterschied auch immer wieder drei Arten von Gefühlen, nämlich angenehme, unangenehme und neutrale. Neutrale Gefühle, es versteht sich fast von selbst, sind weder angenehm noch unangenehm.

Bei angenehmen Gefühlen sollten wir achtsam wahrnehmen, dass wir angenehme Gefühle haben. Daran ist nichts Schwieriges. Bei Lustempfindungen wissen wir, dass sie lustvoll sind. Und bei schmerzlichen Empfindungen wissen wir, dass sie schmerzlich sind, und nehmen eben das achtsam wahr. »Angenehm« und »unangenehm« verstehen wir meist ohne weitere Erläuterungen. Ein bisschen schwieriger kann es aber mit neutralen Gefühlen und Empfindungen sein, einfach weil wir darauf nicht besonders achten. Übrigens wird das, was wir als »gemischte Gefühle« bezeichnen, im Dhamma nicht als eigene Kategorie geführt.

Alles in allem ist Achtsamkeit auf die drei Arten von Gefühlen nicht allzu schwer, denn wenn wir wirklich achtgeben, entgeht uns nicht, dass bei einem angenehmen Gefühl nicht gleichzeitig noch ein unangenehmes oder neutrales gegeben ist. Entsprechendes gilt, wenn ein unangenehmes oder neutrales Gefühl gegeben ist. Kurz, wir erfahren immer nur *eine* Gefühlsqualität, nicht mehrere gleichzeitig.

In der Achtsamkeit wird uns schnell gegenwärtig, dass unsere Gefühle ständig wechseln, ohne dass wir dies bewusst steuern. Nehmen wir zum Beispiel an, wir seien recht guter Dinge: Es ist Feierabend, die Sonne scheint, und wir freuen uns aufs Abendessen zu Hause. Sicher würden wir dieses erfreuliche Gefühl gern aufrechterhalten, aber es kann trotzdem sein, dass es verschwindet und ein neutrales Gefühl an seine Stelle tritt. Vielleicht fällt uns dann noch ein Streitgespräch ein, zu dem es im Laufe des Tages kam, und jetzt weicht das neutrale Gefühl einem unangenehmen. Kurzum, wir wissen aus Erfahrung ganz gut, dass alle Gefühle, angenehme, unangenehme und neutrale, vergänglich sind.

Wenn wir merken, wie schnell unsere Gefühle sogar ohne unser bewusstes Zutun wechseln, wird uns eine weitere Wahrheit klar. Wir beginnen zu ahnen, dass Gefühle lediglich Gefühle sind und nicht *meine* Gefühle, sie gehören nicht mir oder zu mir. Dann sehen wir auch, dass wir oft ganz und gar mit unseren Gefühlen identifiziert sind, als gehörten sie wirklich zu dem, was wir *sind*. Wir sagen: »*Mir* tut bei der Meditation das Knie weh«, oder »*Ich* bin wütend auf die Regierung« – als gehörte dergleichen zu meinem Ich, das ich dann auch noch als dauerhaft und unveränderlich sehe. Wären unsere Gefühle aber wirklich mit unserem Ich identisch und dieses Ich unveränderlich, dann müsste man erwarten, dass Gefühle, beispielsweise Schmerz und Ärger, dauerhaft wären. Dem ist aber nicht so, wie die Erfahrung uns lehrt. Gefühle ändern sich, und unser sogenanntes Ich hat da nicht viel zu melden. Wenn wir das beobachten, wird vollkommen klar, dass unser Ich nichts Dauerhaftes sein kann.

Schmerz-Meditation

Schmerz gehört unbestreitbar zu den unangenehmen Gefühlen und ist besonders schwer zu ertragen. Solange wir einen Körper und Bewusstsein haben, werden immer wieder Schmerzen auftreten. Auch Erleuchtete sind nicht gegen körperliche Schmerzen gefeit. Einmal schleuderte Devadatta, der Feind des Buddha, einen Felsbrocken gegen den Erleuchteten. Etwas splitterte davon ab und traf den Buddha am Fuß. Jivaka, der medizinische Betreuer des Buddha, versorgte die Wunden des Buddha, der jedoch in der Nacht heftige Schmerzen litt. Seine Achtsamkeit half ihm, diese Schmerzen zu ertragen.

Bei uns ist es dagegen oft so, dass wir auf Schmerz ängstlich, ärgerlich oder bedrückt reagieren. Der Buddha hat das notwendige Vorgehen sehr klar und einfach formuliert: »Wenn [ein Mönch] etwas Schmerzhaftes fühlt, nimmt er achtsam wahr, dass er Schmerz empfindet.« Der erste Schritt besteht demnach darin, dass wir unseren Schmerz ganz bewusst wahrnehmen. Danach müssen wir entscheiden, wie weiter zu verfahren ist.

Nun lassen sich körperliche Schmerzen in vielen Fällen mit medizinischen Maßnahmen lindern oder beheben. Bei Schmerzen ergreifen wir für gewöhnlich erst einmal alle naheliegenden Maßnahmen. Wir gehen zum Arzt, wir nehmen geeignete Medikamente. Aber in manchen Fällen bleiben die Schmerzen einfach bestehen, und dann sollten wir dem Beispiel des Buddha folgen und den Schmerz zum Objekt unserer Meditation machen.

Wenn wir uns achtsam der Schmerzempfindung zuwenden, stellen wir als Erstes fest, dass sie sich ständig ändert. Aus stechendem Schmerz kann beispielsweise drückender und dann brennender Schmerz werden. Mit anderen Worten, Schmerz ist wie alle Empfindungen veränderlich. Wenn wir uns jetzt immer weiter auf die Beobachtung dieser Schwankungen einlassen, geben wir allmählich nach und leisten dem Schmerz keinen Widerstand mehr. Dann löst sich die abwehrende Barriere zwischen *mir* und dem Schmerz auf, und während wir zusehen, wie er abnimmt und zunimmt und sich ändert, kann es sein, dass wir nicht mehr unter ihm leiden. Er mag dann wohl noch als ein Strom von Empfindungen vorhanden sein, aber dieses *Ich*, dem der Schmerz so zusetzte, ist nicht mehr da!

Dieses Verfahren lässt sich auch bei seelischen Schmerzen wie Traurigkeit, Kummer und Depression anwenden. Wenn solche Gefühle aufkommen, beachten wir sie. Wir halten fest, dass sie sich ständig ändern. Wir verfolgen ihr Zu- und Abnehmen. So beobachten wir beispielsweise achtsam, wie Kummer zu Ärger wird und dann zu Angst oder Depression. Wir sind uns bewusst, dass kein dauerhaft existierendes Ich diese Gefühle erlebt und dass schmerzliche Gefühle veränderlich und vergänglich sind. Schon das bringt eine gewisse Erleichterung mit sich.

Die Vielfalt der Gefühle

Wenn wir die drei Grundformen von Gefühlen einmal verstanden haben, können wir etwas mehr ins Detail gehen. Nehmen wir eine angenehme und eine unangenehme Sinneswahrnehmung, mit der wir sicherlich alle vertraut sind, nämlich den erfreulichen Anblick einer Blume und den unangenehmen Geruch von Abfall. Nach den Worten des Buddha erhalten wir, wenn wir die drei Grundformen von Gefühlen zusammen mit den fünf Sinnesorganen und ihren Objekten betrachten, fünfzehn Gefühlsarten: angenehme, unangenehme und neutrale Anblicke, Geräusche, Gerüche, Geschmäcker und Berührungen.

Im Buddhismus wird auch der Geist mit seinen Gegenständen – zum Beispiel Gedanken, Erinnerungen, Vorstellungen und Tagträumen – zu den Sinnen gezählt, und diese Erfahrungen können ebenfalls angenehm, unangenehm oder neutral sein. Damit hätten wir dann achtzehn Arten von Gefühlen und Empfindungen. Jetzt berücksichtigen wir noch, dass alle diese Gefühle und Empfindungen äußerlicher oder innerlicher Art sein können, und haben zusammen sechsunddreißig. Diese Zahl müssen wir, da es sich um frühere, gegenwärtige oder künftige Gefühle handeln kann, mit drei multiplizieren und kommen so auf einhundertacht Arten von Gefühlen!

Aber wozu brauchen wir diese Systematik? Nun, erinnern wir uns an die Grundanweisung des Buddha zur Achtsamkeit auf die Gefühle, nämlich »das Fühlen in den Gefühlen betrachten, um die Gefühle zu erkennen, wie sie wirklich sind«. Der Dhamma führt uns hundertacht Ausprägungen von Gefühlen vor Augen, um hervorzuheben, dass tatsächlich zahlreiche Arten des Fühlens in den Gefühlen verborgen sind.

Wenn wir anfangen, auf unsere Gefühle zu achten, können wir sie anfangs nur recht grob unterscheiden. Wir üben die Achtsamkeit auf angenehme, unangenehme und neutrale Gefühle. Schreiten wir voran auf unserem Weg, achtsam zu werden, gelingen uns feinere Unterscheidungen. Wir werden auf den Unterschied zwischen Körperempfindungen und Gefühlsregungen aufmerksam und können bestimmen, welches Sinnesbewusstsein mit einem Gefühl verbunden ist. Wir brauchen ein wenig Übung, um zwischen den hundertacht Gefühlsarten unterscheiden zu können.

Wie Gefühle entstehen

Es lohnt sich, dieser Frage nachzugehen, denn wenn wir auch nur einigermaßen erfassen, was da vor sich geht, fördert das unsere Achtsamkeit. Wir merken dann zum Beispiel, dass unsere Freude beim Anblick einer Blume von einer ganzen Reihe miteinander verknüpfter Bedingungen abhängt. Grundsätzlich ist es so, dass ein Gefühl in Abhängigkeit von einem Kontakt entsteht. Kontakt ist wiederum von drei anderen Faktoren abhängig: den Sinnen, einem Objekt und dem Bewusstsein. Betrachten wir dies Schritt für Schritt.

Was der Geist über die Sinne erfassen kann, eine Blume beispielsweise, wird als Geist-Objekt bezeichnet. Jedes Objekt hat eine bestimmte Eigenschaft oder Funktion. Die Sinne sind wie die Fangarme eines Tintenfischs: Sie stellen den Kontakt zum Objekt her und unterrichten den Geist von diesem Kontakt. Der eigentliche Kontakt findet dort statt, im Geist. Wenn sich den Sinnen ein Objekt präsentiert, schaltet sich das entsprechende Bewusstsein ein. Der Geist muss bewusst sein, um die von den Sinnen gemeldeten Kontakte empfangen und richtig deuten zu können.

Beim Kontakt des Geistes mit einem Objekt entsteht ein mentaler Eindruck, und dieser Eindruck ist ein Gefühl. Stellen Sie sich das Fühlen bildhaft als eine Hand vor, die eine Orange auspresst. Wenn wir das Erfreuliche aus einem Objekt pressen, erleben wir angenehme Gefühle, und wenn wir Schmerz aus den Dingen herauspressen, sind es unangenehme Gefühle. Das gilt für Körperempfindungen ebenso wie für Emotionen oder Seelenregungen.

Stärke und Klarheit eines Gefühls hängen von zahlreichen Faktoren ab. Nehmen wir den Anblick einer Blume: Wenn Ihre Augen gesund sind, die Sonne scheint und die Blume sich in unmittelbarer Nähe befindet, bekommen Sie einen klaren und lebhaften Eindruck von ihr. Die von diesem Blickkontakt ausgehende Empfindung ist dann ebenfalls scharf und klar. Aber wenn Sie schlecht sehen und zudem noch schwaches Licht herrscht und die Blume weit entfernt ist, wird sie keine nennenswerte Wirkung auf Sie haben. Das Gefühl, das unter diesen Umständen zustande kommt, ist schwach und kaum spürbar. Für die übrigen Körpersinne gilt Entsprechendes.

In diesem Sinne gilt: Wenn der Geist klar ist, sind auch die in ihm entstehenden Gedanken klar, und das von einem Kontakt ausgelöste Gefühl ist stark. Natürlich sind unsere Gefühle auch durch unsere geistige Verfassung bedingt. Ein und derselbe Kontakt kann beim einen angenehme und beim anderen unangenehme Gefühle auslösen.

Meditation der Achtsamkeit auf Gefühle

Bei der Achtsamkeitsmeditation über Gefühle sind wir uns bewusst, dass Empfindungen und Gefühle durch Kontakt zustande kommen. Ändert sich der Kontakt, ändern sich auch die Gefühle. Bei einem angenehmen Gefühl denken wir: »Das ist ein angenehmes Gefühl. Es entsteht aufgrund dieser oder jener Bedingung. Ändern sich die Bedingungen, wird auch das angenehme Gefühl verschwinden.« Ebenso gehen wir mit unangenehmen und neutralen Gefühlen um. Wir unternehmen nichts, um unsere Gefühle zu beeinflussen oder zu verändern. Wir vermerken lediglich, dass sie sich ändern. Ein Gefühl bildet sich aufgrund von Ursachen und Bedingungen, und dann verschwindet es wieder. Unser Geist kann nichts von dem festhalten, also lässt er es los, was bleibt ihm denn?

Bei diesen Beobachtungen fassen wir unsere Gefühle besser nicht in Worte. Es könnte nämlich sein, dass wir unsere Empfindungen und Gefühlsregungen falsch benennen und dadurch nicht klar erkennen, worum es sich wirklich handelt. Jeder Mensch besitzt ein ganz eigenes, unverwechselbares Empfinden von Lust und Schmerz. Es lässt sich nie genau in Worten wiedergeben, was wir gerade erleben. Wir lassen einfach unseren Atem einströmen und ausströmen. Wir bleiben ganz wach und präsent und verfolgen genau, wie die Gefühle sich bilden, ihren Höhepunkt erreichen und dann vergehen. Während der Meditation können sich Gefühle einer speziellen Art einstellen, zum Beispiel das, was »spirituelle Dringlichkeit« genannt wird. Wir sehen ganz deutlich, dass Schmerz entsteht und vergeht, Lust entsteht und vergeht. Es ist ein Muster, das sich wiederholt und das wir beobachten können. Irgendwann wird uns deutlich, dass wir immer weiter leiden werden, solange wir in irgendeiner Form wiedergeboren werden. Diese Erkenntnis gibt uns den Impuls, mehr Nachdruck hinter unsere spirituelle Praxis zu setzen und herauszufinden, wie wir diesen Teufelskreis der Geburten und Tode ein für allemal durchbrechen können.

Es kann sich bei der Meditation auch eine besondere Lustempfindung einstellen, die deutlich erkennbar nichts mit unserer Begehrlichkeit zu tun hat. In Körper und Geist kehrt Ruhe ein, alle Aufregung und Erregung legt sich. Wir erleben tiefen Frieden. Diese lustvolle Empfindung – ausgelöst von unserem Wissen, dass diese Empfindung wie alles andere vergänglich, unbefriedigend und ichlos ist –, löst nicht den Wunsch aus, an ihr festzuhalten. Wir erfahren sie nur. Wir sehen die Realität.

KERNPUNKTE DER ACHTSAMKEIT AUF GEFÜHLE

- ▶ Achtsamkeit auf Gefühle können Sie im Rahmen Ihrer regelmäßigen Achtsamkeitsmeditation über den Atem üben.
- ▶ Sobald sich Gefühle einstellen, vermerken Sie, ob sie angenehm, unangenehm oder neutral sind. Verfolgen Sie, wie sich ein Gefühl bildet, wie es seinen Höhepunkt erreicht und dann wieder vergeht. Unternehmen Sie nichts, um die Gefühle in irgendeiner Weise zu beeinflussen. Beobachten Sie nur, um dann mit der Aufmerksamkeit zum Atem zurückzukehren.
- ▶ Achten Sie bei auftretenden Gefühlen darauf, ob es sich um Empfindungen infolge des Kontakts mit äußeren Objekten

oder um rein innerliche Gefühlsregungen handelt. Verfolgen Sie das Entstehen, den Höhepunkt und das Vergehen, um dann mit der Aufmerksamkeit zum Atem zurückzukehren.

▸ Wenn Sie eine Empfindung verfolgen, machen Sie sich klar, welchem der Sinne und welchem Sinnesbewusstsein sie entspringt. Vielleicht spüren Sie die Wärme, die zwischen Ihrer Haut und dem Kissen entsteht, auf dem Sie sitzen, oder Sie hören draußen einen Vogel zwitschern, vielleicht riechen Sie auch Kochdünste aus der Küche. Benennen Sie diese Wahrnehmungen nicht, ordnen Sie sie nicht ein. Vermerken Sie einfach, dass Sie etwas empfinden, um dann mit Ihrer Aufmerksamkeit zum Atem zurückzukehren.

▸ Nehmen wir an, es handelt sich um eine angenehme Empfindung, ausgelöst durch den Gesang eines Vogels. Achten Sie nur auf den Vorgang des Hörens selbst: Schallwellen treffen auf Ihr Ohr, werden ans Gehirn weitergeleitet, das eine Deutung vornimmt und dadurch Anlass zu einem Eindruck gibt, zu einem Gefühl. Seien Sie sich bewusst: »Das ist jetzt ein angenehmes Gefühl. Es stellt sich aufgrund dieser Faktoren ein. Sind die Faktoren nicht mehr wirksam, verschwindet auch das Gefühl.« Dann wenden Sie Ihre Aufmerksamkeit wieder dem Atem zu.

▸ Sollte sich eine körperliche Schmerzempfindung einstellen, beobachten Sie, wie sie sich ändert. Sie verfolgen ihr Zu- und Abnehmen, aber Sie wehren sich nicht dagegen. Sie erinnern sich: Schmerz ist kein Ding, sondern ein Geschehen. Schmerz ist vergänglich, und es gibt kein dauerhaftes Ich, das ihn erfährt.

▸ Auch eine Gefühlsregung ohne äußeren Anlass beobachten Sie lediglich, ohne sie zu beurteilen. Versuchen Sie nicht, das Gefühl zu verstärken oder abzuschwächen oder auf irgendeine Weise auch nur im Geringsten zu beeinflussen. Sehen Sie nur zu, wie das Gefühl aufkommt, seinen Höhepunkt erreicht und verebbt. Dann wenden Sie Ihre Aufmerksamkeit wieder ganz dem Atem zu.

▶ Nehmen wir an, Sie würden durch angenehme Fantasievorstellungen von Ihrer Meditation abgelenkt. Vermerken Sie das nur, sehen Sie sich an, wie stark die Fantasie ist und wie lange sie anhält. Achten Sie auch auf das Verlangen, das sich gleichzeitig in Ihnen regt. Beobachten Sie, wie es wieder vergeht, und wenden Sie Ihre Aufmerksamkeit dann wieder dem Atem zu.

7. Schädliche und nützliche Gefühle

Akkosana war ein Brahmane von hohem Rang, dessen Wort etwas galt. Er wurde schnell böse auf andere, und das sogar ohne Grund. Einmal sagte ihm jemand, der Buddha ärgere sich nie, und so besuchte er den Erhabenen und überhäufte ihn mit Beschimpfungen.

Der Buddha hörte sich das alles geduldig und voller Mitgefühl an, und als Akkosana fertig war, fragte er ihn: »Hast du Freunde oder Verwandte?«

»Aber ja, viele«, erwiderte der.

»Besuchst du sie gelegentlich?«, forschte der Buddha weiter.

»Natürlich, oft sogar«, sagte Akkosana.

»Bringst du dann Geschenke mit?«

»Allerdings, ich gehe nie ohne Gastgeschenke.«

Jetzt fragte der Buddha: »Nimm einmal an, sie wollten deine Geschenke nicht annehmen. Was würdest du dann damit machen?«

»Ich würde sie wieder mitnehmen, so kämen sie daheim der Familie zugute.«

»Nun, mein Freund, du hast mir Beschimpfungen und Beleidigungen als Gastgeschenke mitgebracht, und ich nehme sie nicht an. Nimm sie also wieder mit, und erfreue dich mit deinen Lieben daran.«

Da schämte sich Akkosana. Er verstand die Worte des Buddha sehr wohl und bewunderte ihn.

SOWOHL DER KONTAKT zu äußeren Dingen über die Sinne – Augen, Ohren, Nase, Zunge und Berührungssinn – als auch der nichtsinnliche Kontakt mit geistigen Objekten lässt Empfindungen und Gefühlsregungen entstehen, hundertacht verschiedene Arten, wie wir gesehen haben. Alle Gefühle können angenehm, unangenehm oder neutral sein. Manche sind durch früheren Kontakt bedingt, andere durch gegenwärtigen Kontakt, und bei wieder anderen handelt es sich um Vorstellungen von künftigem Kontakt. Gefühle können intensiv und klar oder schwach und undeutlich sein.

Durch unsere Achtsamkeitspraxis erkennen wir die Vielfalt der Empfindungen und Gefühle innerhalb der Anhäufung des Fühlens immer klarer und werden auch auf ihre Ursachen aufmerksam, die aus unseren Gewohnheiten und Neigungen bestehen. Drei Typen sind hier von besonderer Bedeutung: Es gibt angenehme Gefühle, die auf einem grundlegenden Hang zu Gier und Begehrlichkeit beruhen. Manche unangenehmen Gefühle tendieren zu Ärger und Hass als Grundlage. Und manche neutralen Gefühle wurzeln in Unwissenheit und Unklarheit.

Von solchen unguten Neigungen ausgelöste Gefühle werden »weltlich« genannt. Weltliche Gefühle kommen am ehesten auf, wenn wir mit alltäglichen Dingen beschäftigt sind, mit der Suche nach Reichtum, Gefährten, einer besseren Arbeit oder mehr Macht und Anerkennung. Wenn wir auf unsere Neigung zu Ärger und Anhaftung aufmerksam werden und ihr mit Achtsamkeit begegnen, werden uns auch »spirituelle« Gefühle zugänglich, wir erleben das Loslassen, die spirituelle Dringlichkeit und die besonderen Freuden der Meditation. Und solche schönen Gefühle werden mit zunehmender Achtsamkeit häufiger.

Wenn wir unsere negativen Neigungen überwinden wollen, müssen wir uns wirklich dafür einsetzen. Vielleicht neigen wir wie Akkosana zu Zornausbrüchen, selbst wenn kein Anlass dazu besteht. Und es kann sein, dass wir wie er peinlich berührt sind, wenn uns klar wird, dass unser Ärger einfach eine Angewohnheit ist. Eigentlich ist er eine unangenehme Gefühlsregung, wir fühlen uns nicht gut, wenn wir aufgebracht sind. Es kann schwierig sein, unseren Ärger im Auge zu behalten und uns zu beherrschen, aber dass er schädlich ist, sehen wir schnell ein.

Begehren ist erheblich schwerer zu erkennen und auszuschalten. Lustgefühle sind angenehm und machen uns froh, und so versuchen wir daran festzuhalten, wir möchten mehr, jetzt und in der Zukunft. Aber wie wir alle aus Erfahrung wissen, führt das Festhalten an lustvollen Gefühlen zu Enttäuschungen. Es ist sicher nicht einfach, uns stets bewusst zu sein, dass Begehrlichkeit uns schadet, aber wenn wir uns die Zusammenhänge einmal vor Augen geführt haben, ist eigentlich klar, dass wir unser Begehren beenden müssen, um uns von allen Leiden zu befreien.

Die dritte Form der zugrunde liegenden Gewohnheit oder Neigung ist die Unwissenheit oder Verblendung, eine generelle Unklarheit, die uns nicht erkennen lässt, was es mit unserem Ich auf sich hat. Manchmal erleben wir Gefühlszustände, die weder angenehm noch unangenehm sind, und dann greifen wir danach in dem Gedanken: »Ah, das ist jetzt die Wirklichkeit, daran muss ich festhalten!« Wir glauben an etwas Dauerhaftes und Reales namens Ich, das diese Erfahrungen macht. Versuchen wir dieses ewige Ich näher zu bestimmen, scheint es mit den fünf Anhäufungen identisch oder in ihnen enthalten zu sein. Nur kluge und niemals nachlassende Achtsamkeit kommt gegen diese schädliche Fehlwahrnehmung an.

Die Ausführungen des Buddha zu diesen grundlegenden Neigungen sind sehr klar:

> Ihr Bhikkhus, bei den angenehmen Gefühlen ist es so, dass der grundlegende Hang zum Lustvollen abgelegt werden muss. Bei den schmerzlichen Gefühlen ist es der grundlegende Hang zum Widerwillen, der abgelegt werden muss. Und was die Gefühle angeht, die weder angenehm noch schmerzlich sind, so ist es der grundlegende Hang zur Unwissenheit [Verblen-

dung], der abzulegen ist. Hat ein Bhikkhu die drei grundlegenden Neigungen abgelegt, ist er einer, der die Dinge sieht, wie sie sind. Er hat dem Leiden ein Ende bereitet.

Sehen wir uns diese grundlegenden Neigungen näher an, damit wir sie sofort erkennen, wenn sie sich regen. Natürlich betrachten wir auch nützliche Regungen wie Herzensgüte, Freude und Gleichmut, die uns helfen, die unguten Tendenzen zu überwinden. Es geht darum, unsere Achtsamkeit gegenüber unserem Fühlen zu stärken, damit wir zur rechten Anschauung der Dinge kommen und unser Leiden beenden können.

Ärger und Hass

Ärger beginnt oft damit, dass wir gereizt sind oder uns gestört fühlen. Dann kann alles zum Auslöser werden. Ein Kollege bekommt die Beförderung, die aus unserer Sicht eigentlich uns zugestanden hätte; ein Freund macht eine Bemerkung, die wir gar nicht nett finden; der Nachbar mäht schon wieder während der Mittagsruhe seinen Rasen. Wenn wir solche Gefühle zu übergehen versuchen, kann sich eine tiefe Verärgerung entwickeln, ein Groll, der schließlich zu Hass wird. Gemeinsam ist allen dieses Gefühlen der Widerwille, die Aversion: Wir mögen irgendetwas ganz und gar nicht, und es soll uns bitte schön erspart bleiben.

Würden wir achtgeben, so würde uns kaum entgehen, wie elend wir uns fühlen, wenn wir verärgert sind. Der Kopf ist wie benebelt, die Gedanken verwirren sich. Wir empfinden eine schwer zu bezähmende innere Unruhe. Uns vergeht der Appetit, und wir haben keinen Sinn mehr für angenehme Dinge. Das ist es, was der Buddha als »das Feuer des Hasses« bezeichnete: Wir sind wie siedendes Wasser, hitzig und in Wallung. Sogar Meditation regt uns dann eher noch mehr auf!

Um mit dem Ärger fertigzuwerden, müssen wir erst einmal auf ihn aufmerksam werden. Mit etwas Übung können wir lernen, die Zeichen frühzeitig zu erkennen und uns einzuschalten, bevor die Gefühle in uns hochkochen. Sobald wir merken, dass wir ärgerlich werden, konzentrieren wir unsere Aufmerksamkeit ganz auf dieses Gefühl und kümmern uns überhaupt nicht um die Frage, ob oder weshalb es gerechtfertigt sei. Unser Groll wird nur stärker, wenn wir bei den auslösenden Ereignissen in der Vergangenheit, Gegenwart oder vorgestellten Zukunft verharren. Besser, wir rufen uns in Erinnerung, was wir bereits über Achtsamkeit gelernt haben, um das Feuer gleich wieder zu löschen. Dazu taugt beispielsweise dieser Gedankengang: »Ärger ist ein unangenehmes Gefühl. Er ist aufgrund von Ursachen und Bedingungen entstanden. Alles ist vergänglich. Wenn die Bedingungen nicht mehr gegeben sind, wird auch dieses unerfreuliche Gefühl vergehen.«

Im Folgenden noch weitere Anregungen zum Umgang mit unserem Ärger.

Ärger und wie Sie mit ihm fertigwerden

- Üben Sie Achtsamkeit auf den Atem: Atmen Sie zuerst ein paar Mal tief durch. Dann einatmen, ausatmen und »eins« zählen. Wiederholen Sie das bis zehn, dann wieder rückwärts von zehn bis eins. Setzen Sie das fort, bis Sie ruhig werden.
- Üben Sie Zurückhaltung. Wenn der Verlauf eines Gesprächs erkennen lässt, dass ein Streit entstehen könnte, sagen Sie erst einmal gar nichts mehr. Nutzen Sie die kleine Pause, um sich achtsam zu fragen, ob vielleicht Eifersucht, Kleinlichkeit, Rachsucht oder irgendeine andere unzuträgliche Regung hinter Ihren Worten steckt. Üben Sie Geduld, um die gewonnene Zeit sinnvoll für die Wahl der richtigen Worte zu nutzen.
- Unterlassen Sie Schuldzuweisungen. Wenn Sie sagen:»Was kann ich dafür? Er macht ständig Dinge, die mich aufregen«,

reden Sie wie ein Kind, das sich herausredet: »Der hat angefangen!« Beschuldigen Sie auch sich selbst nicht. Lassen Sie sich nicht auf Streit ein.
- ▶ Reden Sie mit einem verständnisvollen Freund. Er oder sie wird Ihnen vielleicht in Erinnerung rufen: »Du weißt nie, was in einem anderen vorgeht. Vielleicht gibt es für sein Verhalten Gründe, die du nicht kennst.«
- ▶ Vergessen Sie die Dankbarkeit nicht. Wenn wir uns ärgern, vergessen wir leicht, was der andere schon für uns getan hat. Seien Sie dankbar, und das Herz wird Ihnen aufgehen.
- ▶ Seien Sie großzügig. Mit einem Geschenk oder einer Gefälligkeit können Sie die Atmosphäre zwischen sich und einem anderen, über den Sie sich geärgert haben, sofort verbessern. Und wenn sich die Spannung erst gelöst hat, haben beide die Chance, sich zu entschuldigen.
- ▶ Lauschen Sie dem Dhamma. Suchen Sie sich im Internet einen Dhamma-Vortrag, lesen Sie etwas in einem Dhamma-Buch oder einer Dhamma-Zeitschrift. Darin muss Ärger nicht unbedingt thematisiert sein, denn allein schon, wenn wir den Dhamma hören, verfliegt erfahrungsgemäß unser Ärger.
- ▶ Meiden Sie aufbrausende Menschen. Der Umgang mit anderen, die sich schnell ärgern, macht uns unsicher und angespannt. Am Ende werden wir dann selbst gereizt.
- ▶ Legen Sie sich fest. Sagen Sie sich zum Beispiel gleich am Morgen: »Heute könnte mir etwas Ärgerliches passieren. Irgendetwas könnte mich aufregen, eine Person, ein Gespräch, eine unvorhersehbare Situation. Was es auch sei, ich setze alles daran, achtsam zu bleiben und mich nicht zu ärgern.«
- ▶ Denken Sie daran, dass Sie ohne Ärger sterben möchten. Sollte Ihr Geist in Aufruhr sein, wenn Sie sterben, werden Sie vielleicht in einer unseligen Verfassung wiedergeboren. Das Leben ist so kurz. Leben Sie in Frieden und Harmonie, ohne Zorn.

Dies ist sicher ein »geschickter« Einsatz der Achtsamkeit. Wir sehen zu, dass Ärger möglichst gar nicht erst aufkommt. Wenn es doch passiert, ergreifen wir sofort Maßnahmen, die ihn wieder abbauen. Beides zusammen wirkt so, dass wir immer ruhiger werden, und eines Tages sagen wir dann: »Ah, wunderbar, ich bin ein ganz anderer Mensch geworden! Ich kann mit meinem Ärger umgehen. Achtsamkeit macht's möglich.«

Mit einem ruhigen Geist finden wir leichter zu dem, was im Buddhismus Herzensgüte genannt wird, *Metta* auf Pali und auf Sanskrit. Dabei handelt es sich um den Ausdruck eines natürlichen Gespürs für die Verbundenheit mit allen Lebewesen. Wir selbst möchten in Frieden, Glück und Freude leben, und daraus können wir ableiten, dass alle anderen das auch möchten, einschließlich der Menschen, mit denen wir Probleme haben oder hatten. Einen guten Anfang machen Sie mit der »Achtsamkeitsübung für alle Tage«, die ich Ihnen gleich im Anschluss an die Einleitung zu diesem Buch vorgestellt habe. Herzensgüte heilt nicht nur die vom Ärger geschlagenen Wunden, sondern wir fühlen uns in ihr so gelöst und geborgen, dass wir mit jedem sprechen können, ohne ärgerlich zu werden. Selbst wenn uns jemand beschimpft, bleiben wir so mitfühlend und verständnisvoll, wie es der Buddha gegenüber Akkosana war.

Wunsch und Verlangen

Verlangen findet sich überall. Alle Lebewesen wünschen, am Leben zu bleiben, sogar Pflanzen »streben« nach Vermehrung. Unser Begehren ist im Grunde das, was uns erschafft. Das Verlangen unserer Eltern nach Vereinigung und unser Verlangen nach Wiedergeburt wirkten zusammen und ließen uns entstehen. Auch Schmerz weckt ein Verlangen, nämlich den Wunsch nach Beendigung des Schmerzes und nach erneutem Wohlgefühl.

Aber sind Wünsche nicht notwendig, würde es ohne Verlangen

überhaupt noch zu Geburten kommen? Würde das Leben dann nicht enden? Das trifft in gewissem Sinne zu, das Verlangen ist tatsächlich die Triebkraft des Lebens im Samsara, dem endlosen Zyklus von Geburten und Toden. Wir erfahren durchaus auch Freude und Lust in unserem Leben. Wir leiden nicht ständig. In den frohen Augenblicken werden wir für unsere Leiden entschädigt. Dafür leben wir. Schmerzerfahren, wie wir alle sind, möchten wir an schönen Augenblicken und wohligen Gefühlen festhalten, wenn sie sich einmal bieten. Wenn dann jemand meint, dieses Anhaften sei das eigentliche Problem, halten wir dagegen: »Wie könnte ich nicht an meiner Familie, meinem Haus, meinem Land hängen?«

Tatsächlich ist es so, dass wir eigentlich gar nicht frei sein möchten vom Begehren, wir möchten nicht zugeben, dass unser Festhalten an sinnlichen Genüssen – köstliches Essen, Musik, Plauderei, Witze, sexuelle Vereinigung – unweigerlich auf Enttäuschung und Leid hinausläuft. Es geht keineswegs darum zu leugnen, dass angenehme Empfindungen eben angenehm sind. Aber denken wir daran, dass Lust so vergänglich ist wie jedes andere Gefühl. Nichts bleibt uns für immer, kein Mensch, kein Ort, kein Besitz, kein Erlebnis.

Außerdem lenkt uns der Wunsch nach Sinnesfreuden von unserer Achtsamkeit ab. Wenn wir auf dem Kissen sitzen, regt sich vielleicht der Wunsch nach Schokolade oder nach der Berührung unseres Partners. Würden wir diesem Gefühl jetzt einfach seinen Lauf lassen, wäre es um unsere Achtsamkeit schnell geschehen. Dann setzt sich das Begehren durch, und wir denken: »Was für ein schönes Gefühl, die reine Wonne! Dieser Geschmack (dieser Geruch, diese Berührung, dieser Laut) ist mir ein solcher Hochgenuss ... ich brauche sonst nichts im Leben. Da bin ich glücklich, ich fühle mich wohl, gesund und stark. Es ist so ganz und gar befriedigend.«

Es kann aber auch anders laufen, etwa so, dass wir einfach erkennen: »Ich habe jetzt dieses Verlangen in mir.« Dann fällt uns ein, dass Sinnesfreuden uns an dieses Leben und künftige Leben binden. Das sinnliche Verlangen stört unsere Achtsamkeit und verwehrt uns den Zugang zu höheren Formen der Konzentration. Eigentlich sind wir ja auf die tiefen Freuden der vollkommen gesammelten Meditation aus, denn nur durch sie befreien wir uns aus den Zyklen des Leidens. Solange wir an den Freuden der Sinne anhaften, ist Freiheit unmöglich.

Achtsamkeit hilft uns, die Oberflächlichkeit unseres Wünschens zu durchschauen. Wir sagen uns:»Wenn ich an diesem Objekt meines Begehrens anhafte, handle ich mir Schmerzen ein, denn ich werde nicht ewig an ihm festhalten können, ich kann nicht über es verfügen. Wenn ich mich zu weit darauf einlasse, geht mir die Achtsamkeit verloren. Ich habe schon an vielen Dingen in diesem Leben Freude gehabt, aber wo sind sie jetzt? Nein, ich möchte diesen kostbaren Augenblick nicht einer oberflächlichen Befriedigung opfern. Ich werde einfach nicht mehr daran denken.« Unsere Achtsamkeit lässt den Wunsch verblassen, zumindest für den Augenblick. Wenn er weg ist, fällt uns das auf, und wir sagen uns:»Der Wunsch geht nicht mehr in mir um.« Wir bleiben achtsam, damit er nicht wiederkommt.

Lust ohne Schmerz – das gibt es nur auf den höheren Stufen der Achtsamkeit, und dorthin streben wir. Anders als sinnliche Lust, die uns lediglich Augenblicke des Glücks verschafft, bringt die Freude, die wir in tiefer Konzentration empfinden, Frieden und tiefe Gelassenheit mit sich. Wir fühlen uns energiegeladen und sehr klar, und wir wünschen uns immer mehr von dieser wunderbaren Freude. (Diesem Thema habe ich mich wesentlich ausführlicher in meinem Buch *Von der Achtsamkeit zur Sammlung* gewidmet.)

Verblendung

Als Verblendung bezeichnen wir die irrtümliche Betrachtung sämtlicher Dinge und unserer selbst als dauerhaft und mit einem Ich oder einer Seele ausgestattet. Aufgrund dieses irrigen Ansatzes glauben wir wiederum, Objekte und die von ihnen ausgelösten angenehmen, unangenehmen oder neutralen Gefühle könnten uns permanentes Glück bescheren oder uns auf Dauer ins Unglück stürzen.

Am ehesten fällt uns das in einer neutralen Gefühlslage auf. Wir sind gesund und haben nach bestem Vermögen meditiert, und trotzdem hält sich da hartnäckig ein Gefühl, das weder angenehm noch unangenehm, sondern eben neutral ist und hinter dem ein Irrtum steckt, der uns denken lässt: »Ich existiere. Das ist mein Ich, so funktioniert es. Dieses Gefühl und alle Gefühle sind Teil von mir.«

Woher kommt das? Zunächst einmal bilden wir uns ein, wir seien noch das Ich, das wir schon als Kind waren – und übersehen dabei geflissentlich, wie sehr sich Körper, Gefühle und alle anderen Anhäufungen seit der Kindheit verändert haben. Weiterhin glauben wir, eben dieses Ich werde auch bis in unser hohes Alter, ja sogar bis ins nächste Leben bestehen bleiben – und wieder lassen wir die vielen Veränderungen unberücksichtigt, die bis dahin noch eintreten werden.

Was uns die Sinne an Eindrücken vermitteln, scheint für diese irrige Anschauung zu sprechen. Wenn wir unseren Körper sehen, unsere Stimme hören, wenn wir unsere Geruchs-, Geschmacks- und Berührungseindrücke betrachten, denken wir: »Diese Sinne hatte ich auch gestern, vor einer Woche, letzten Monat und vor achtzig Jahren. Ich erinnere mich an das Gespräch, das ich mit ihr oder ihm geführt habe. Das war mein Ich, wie ich es kenne und wie es auch künftig sein wird.«

Doch schon der oberflächlichen Betrachtung erschließt sich, dass es so nicht sein kann. Alle Formen, Gefühle, Wahrnehmungen, Gedanken und sogar das Bewusstsein selbst sind vergänglich – sie erscheinen, sind für einige Zeit vorhanden und vergehen dann wieder. Wie gut, dass unsere falschen Denkgewohnheiten ebenfalls vergänglich sind, sogar die Verblendung als solche ist vergänglich. Verblendung entsteht wie Ärger oder Begierde aufgrund von Ursachen und Bedingungen. Ändern sich diese Ursachen und Bedingungen – und das können sie, wenn wir uns in Achtsamkeit üben –, verschwindet die Verblendung oder Unwissenheit.

GLEICHMUT

Mit unserer Achtsamkeitspraxis möchten wir zur wohltuenden inneren Haltung des Gleichmuts finden. Das ist eine Verfassung, der Ausdruck »Gleichmut« sagt es bereits, in der unsere Gefühle vollkommen ausgewogen sind. Wir halten unangenehme Gefühle nicht fern, wir klammern uns nicht an die angenehmen. Wir sehen alles sehr klar, die Unwissenheit stürzt uns nicht in Verwirrung. Da wir uns nicht mit unseren Gefühlen identifizieren, gehen sie still ihrer Wege und lassen uns in Frieden zurück. Gleichmut ist eine spirituelle Gemütsverfassung und von neutraler Qualität. Gleichmut ist weder angenehm noch unangenehm, hat aber nichts mit Gleichgültigkeit zu tun. Wir sind wach und ansprechbar, wir können unseren Körper, unsere Gefühle, Gedanken und alles Übrige achtsam wahrnehmen, ohne von unserem Mögen und Nicht-Mögen beherrscht zu werden.

Im Sutta lesen wir: Wenn Meditierende im Zustand des Gleichmuts etwas sehen, das sie als angenehm, unangenehm oder neutral empfinden, erkennen sie es als bedingt, von grober Natur und abhängig entstanden. Dann kehren sie, schnell wie ein Blinzeln, zum Gleichmut zurück. So gilt es auch für alle anderen Sinne:

> Wenn sie einen angenehmen, unangenehmen oder neutralen Laut hören, erkennen sie, dass er bedingt,

von grober Natur und abhängig entstanden ist. Dann kehren sie im Geist, schnell wie ein Fingerschnalzen, zum Gleichmut zurück. Wenn sie einen angenehmen, unangenehmen oder neutralen Geruch wahrnehmen, erkennen sie ihn als bedingt, von grober Natur und abhängig entstanden. Dann kehren sie im Geist so schnell zum Gleichmut zurück, wie Wasser von einem Lotosblatt abperlt. [...]
Wenn sich in ihrem Geist eine Idee bildet, auf die hin eine angenehme, unangenehme oder neutrale Empfindung aufkommt, so erkennen sie sie als bedingt, von grober Natur und abhängig entstanden. Dann ist es wie mit zwei Wassertropfen, die auf eine stark erhitzte Eisenplatte fallen: Sie verdampfen und verfliegen schneller, als sie fielen. So schnell vergehen durch Ideen bedingte Empfindungen, so schnell tritt wieder Gleichmut an ihre Stelle.

Im Zustand des Gleichmuts nimmt uns das Auf und Ab von Lust und Schmerz nicht mehr so mit. Geist und Körper sind in ausgeglichener Verfassung. Unruhe, Bangigkeit und Sorgen können uns nichts mehr anhaben. Unsere Verwirrung ist zu Ende, wir sind im Einklang mit der Realität. Sogar der Wunsch nach der Verlängerung angenehmer Erfahrungen regt sich nicht mehr. Stattdessen empfinden wir jetzt unermessliche Herzensgüte und grenzenloses Mitgefühl.

Wir haben uns gänzlich von angenehmen Gefühlen der »niederen Art« gelöst, wie der Buddha sie nennt: von den Annehmlichkeiten der Familie, des Freundeskreises, der Gesundheit und des Wohlstands. Dafür haben wir jetzt angenehme Gefühle der »höheren Art«, nämlich die Freuden der höheren meditativen Konzentration. Auf jeder nächsthöheren Stufe nimmt unsere Freude noch zu, bis wir »das Aufhören des Fühlens und Wahrnehmens«

erreichen, wie es der Buddha nannte. Von hier aus ist es nur noch ein Schritt zur höchsten Freude, dem Nibbana, der vollkommenen Befreiung von allen Leiden.

ical lifeI # Teil 3

Achtsamkeit auf den Geist

8. Geist und Bewusstsein

Der Buddha erklärte seinen Bhikkhus, wie er in seinem Leben als Bodhisattva, als er noch nicht vollkommen erleuchtet war, unzuträgliche Gedanken überwunden hatte, die sich in seinem Geist regten: »Mir kam der Einfall, meine Gedanken in zwei Klassen einzuteilen – Gedanken des sinnlichen Verlangens, des Übelwollens und der Grausamkeit auf der einen Seite und Gedanken der Entsagung, der Herzensgüte und des Mitgefühls auf der anderen.

Dabei blieb ich mit Eifer und Entschlossenheit, und wenn sich dann ein Gedanke des sinnlichen Begehrens in mir regte und ich bedachte, dass dieser Gedanke nicht nur für mich selbst, sondern auch für andere zur Plage wurde, so legte er sich. Wenn ich bedachte, dass er der Weisheit im Wege stand, Schwierigkeiten mit sich brachte und vom Nibbana wegführte, so legte er sich in mir. So gab ich ihn denn auf, tat ihn ab, löschte ihn …

Woran ein Bhikkhu häufig denkt, das wird in seinem Geist zu einer Neigung. Wenn er also den Gedanken der Entsagung in sich bewegt, wenn er den Gedanken des sinnlichen Begehrens ablehnt und Gedanken der Entsagung stark werden lässt, so wird sein Geist immer mehr dem Gedanken der Entsagung zuneigen.«

DIESES ZITAT AUS dem »Sutta über die zwei Arten von Gedanken« enthält die wichtigste praktische Anleitung des Buddha zur dritten Grundlage der Achtsamkeit, der Achtsamkeit auf den Geist: Gedanken, denen wir häufig nachgehen, werden zur Denkgewohnheit. Genau so, wie der Buddha gegen Gedanken des sinnlichen Begehrens mit Gedanken der Entsagung vorging, neutralisierte er Ärger-Gedanken mit Gedanken des Mitgefühls und begegnete grausamen Gedanken mit solchen der Herzensgüte. Welcher Rat könnte einfacher und vernünftiger sein? Doch der Buddha führt seinen Rat in diesem Sutta noch einen Schritt weiter. Zu viel Denken, sagt er zu seinen Mönchen, ermüde den Körper und strapaziere den Geist, und das gelte auch für grundsätzlich nützliche Gedanken über Entsagung, Mitgefühl und Herzensgüte: »Ein angestrengter Geist ist alles andere als konzentriert.« Deshalb habe er selbst gar nicht mehr gedacht, sondern seinen »Geist innerlich gefestigt und zur Ruhe gebracht, gänzlich auf eins gesammelt und konzentriert«. Er schließt mit den Worten: »Meditiert, ihr Bhikkhus, schiebt es nicht auf, ihr würdet es bereuen.« Damit, so heißt es am Ende, »waren die Bhikkhus hochzufrieden, sie waren entzückt von den Worten des Erhabenen«.

Bei unserem Vorhaben, uns dieser vollkommen auf einen Punkt ausgerichteten, konzentrierten Meditation anzunähern, stoßen wir auf einen nicht zu unterschätzenden Gegner, nämlich unseren Geist. Für den ungezähmten Geist werden in den buddhistischen Schriften gern Metaphern aus dem Tierreich verwendet, zum Beispiel die eines eben erst gefangenen »wilden Elefanten«, der trompetet und trampelt und mächtig an seinen Stricken zerrt, oder die des »umherschweifenden Affengeistes«, der ständig in irgendwelchen Fantasiewelten unterwegs ist. Wir alle kennen diesen Geist. Wir möchten gern meditieren oder auch schlafen, aber die Gedanken lassen uns nicht in Ruhe. Wir wälzen Ungerechtigkeiten, Kriege und sonstige Probleme, wir denken an Orte und Situationen, an Bücher, die wir gelesen haben, an Menschen, denen wir irgendwann einmal begegnet sind, wir grübeln über unsere Arbeit, über Heim, Familie, Freunde, Verwandte und so vielerlei Dinge.

Keine Frage, dass wir den Rat des Buddha wirklich brauchen, um diesen Affen zu etwas mehr Ruhe zu bewegen. Sehen wir uns dazu erst einmal an, was der Buddha über den Geist gesagt hat, damit wir für die weiteren Schritte gut gerüstet sind.

Geist oder Bewusstsein

Ist Bewusstsein dasselbe wie Geist? Wo ist unser Geist? Wie funktioniert er? Das sind schwierige Fragen, aber wir können sie so betrachten, dass sie unserer Achtsamkeitspraxis in bestmöglicher Weise dienen. Bewusstsein ist, wie wir gesehen haben, neben Körper, Fühlen, Wahrnehmung und Denken eine der fünf Anhäufungen oder Daseinsgruppen. Das Bewusstsein ändert sich ständig, das gilt für sämtliche Daseinsgruppen. Bewusstsein ändert sich sogar schneller als alles andere. Nicht zu wissen, wie Bewusstsein entsteht, wie es endet und was zu diesem Ende führt, wird Unwissenheit genannt.

Diese Anhäufung sorgt für eine Art Grund-Bewusstheit, die wir vielfach einfach »Geist« nennen. Geist ist etwas Nicht-Körperliches, das wahrnimmt, denkt, erkennt, Erfahrungen macht und reagiert. Der Geist ist klar und formlos, weshalb Gedanken und andere geistige Phänomene in ihm erscheinen können. Er wird auch als leuchtend beschrieben, das heißt, er kann Licht auf die Dinge werfen, er kann erkennen.

Der Geist ist nicht an einer bestimmten Stelle im Körper ansässig. Manche sagen, er habe seinen Ort im Herzen. Das Pali-Wort *Citta* kann man für beides verwenden, Geist und Herz. Die meisten nehmen wohl an, dass der Geist im Gehirn sitzt, aber einige glauben auch, er sei über den ganzen Körper verteilt, agiere jedoch über das Gehirn und das Zentralnervensystem. Der Buddha hat nichts über den Sitz des Geistes gesagt. Er verwendete lediglich den Ausdruck »Körper-Höhle«.

Bewusstsein ist in jedem Gedanken, jedem Gefühl und jeder Wahrnehmung präsent, aber es besitzt keine unabhängige eigene Existenz. Es ist sogar so, dass wir das Bewusstsein überhaupt erst beim Kontakt mit Objekten bemerken. Es bildet sich in Abhängigkeit von den Sinnen und deren Kontakt mit den entsprechenden Objekten. Wir benennen es sogar nach dem jeweiligen Sinn, aus dem es sich speist: Seh-Bewusstsein, Riech-Bewusstsein, Berührungs-Bewusstsein und so weiter. Wenn beispielsweise das Hörvermögen mit dem Pfeifen eines Zugs oder dem Singen einer Frau in Kontakt kommt, entsteht Hör- oder Laut-Bewusstsein. Und kommt der Geist in Kontakt mit inneren Objekten wie Gedanken und Erinnerungen, so bildet sich Geist-Bewusstsein.

Geist und Bewusstsein existieren also nie einfach für sich. Wir können den Geist nur anhand seiner Inhalte erkennen. Er ist immer mit einem Gedanken oder Gefühl, mit einer Wahrnehmung, mit dem Körper oder irgendeinem Geist-Objekt verbunden. An sich ist das Bewusstsein, das sich im Kontakt mit Objekten bildet, rein, aber fast gleichzeitig mit ihm treten Begierde (»Ich will das haben«), Hass (»Ich will das nicht«), Verblendung (»Das bin ich«) oder irgendein davon abgeleiteter Wahn auf. Von sich aus würde der Geist einfach leuchten, doch seine Inhalte lassen das nicht zu. Sie überlagern das Leuchten des Geistes und lassen uns die Dinge nicht sehen, wie sie wirklich sind.

Sagen wir also, dass der Geist etwas Unbeständiges und Abhängiges ist. Er geht aus Ursachen und Bedingungen hervor. Eigentlich ist es sogar besser, statt »Geist« den Begriff »Körper-Geist-Komplex« zu verwenden; er betont das Zusammenwirken aller Faktoren wie Kontakt, Gefühl, Wahrnehmung, Aufmerksamkeit, Konzentration, Lebenskraft und Willenskraft in jedem Augenblick des Bewusstseins.

Wenn Bewusstsein grundsätzlich aus Ursachen und Bedingungen hervorgeht, muss auch das Bewusstsein dieses Lebens auf Ursachen und Bedingungen beruhen.

Aber worin besteht in diesem ganzen Zusammenhang unsere Rolle? Haben wir uns dieses gegenwärtige Leben ausgesucht? Können wir bestimmen, wo dieser Bewusstseinsstrom beim nächsten

Mal wieder auftauchen wird? In beiden Fällen lautet die Antwort nein oder jedenfalls: nicht direkt.

Der Buddha erklärt uns, dass wir beim Eintreten unseres Todes bereits alles für unser nächstes Leben in die Wege geleitet haben – aber nicht durch niedergeschriebene Verfügungen, sondern durch all das, was wir in diesem Leben mit Körper, Rede und Geist getan haben. All diese Gedanken, Worte und äußeren Taten sind Ursachen und damit die erste Hälfte des universalen Kausalitätsprinzips, das *Kamma* (auf Sanskrit *Karma*) genannt wird. Unser gegenwärtiges Leben ist die zweite Hälfte dieses Kausalitätsprinzips – das Ergebnis von Ursachen, die wir in früheren Leben geschaffen haben. Unser Bewusstsein in diesem Leben lässt sich deshalb als »resultierendes Bewusstsein« beschreiben. Unser Kamma treibt uns im Zusammenwirken mit unserer Unwissenheit und dem Verlangen nach Wiedergeburt in die nächste Runde von Geburt, Alter und Tod.

Was wir an Kamma geschaffen haben, bestimmt die Art unserer Wiedergeburt. Gute Taten ziehen eine günstige Wiedergeburt nach sich, schlechte eine ungünstige.

Da ist es gut zu wissen, dass wir sofort etwas unternehmen können, um uns eine günstige Wiedergeburt zu sichern. Jetzt, in diesem Leben, können wir uns zur Achtsamkeit erziehen, um Gedanken, Worte und Taten zu vermeiden, die Begierde, Zorn, Grausamkeit und andere zu schlechtem Kamma führende Beweggründe als Grundlage haben. Und wir können uns zu einem förderlichen Handeln anhalten, hinter dem Entsagung, Mitgefühl, Herzensgüte und andere Ursachen von gutem Kamma stehen.

LÄUTERUNG DES GEISTES

Wie üben wir nun die Achtsamkeit auf den Geist? Da wir den Geist wie gesagt nur aufgrund seiner Inhalte erkennen, können wir uns nicht einfach in die meditative Betrachtung »des Geistes«

versenken. Die Praxis besteht, auf einen kurzen Nenner gebracht, darin, den Geist zu läutern, sodass sein schädlicher Hang zu Begierde, Hass und Unwissenheit – also zu allem, was Wiedergeburt nach sich zieht – gar nicht erst in Taten umgemünzt werden kann. Wann immer sich diese Tendenzen zeigen, geben wir uns Mühe, sie zu überwinden und durch eine gesunde und zuträgliche Geistesverfassung zu ersetzen.

Gier, Hass, Verblendung und andere »Gifte«, wie man im Buddhismus sagt, können den Geist aufgrund unserer durch früheres Handeln geschaffenen schädlichen Neigungen befallen. Wie der Buddha in dem zu Beginn dieses Kapitels zitierten Sutta über die zwei Arten von Gedanken sagt, können Gedanken, denen wir häufig nachgehen, zur Denkgewohnheit werden. Wenn wir uns zum Beispiel Ärger-Gedanken angewöhnen, kommt es in der Zukunft immer leichter zu derartigen Gedanken.

Solche schädlichen Neigungen verstecken sich gleichsam im Geist, bis sie durch Kontakt mit geeigneten äußeren Objekten und Situationen aktiviert werden. Wenn wir beispielsweise viel Umgang mit zu Ärger neigenden Menschen haben, kann dadurch unsere Neigung zu Ärger geweckt werden. Erst wenn unser Geist geläutert ist, müssen wir uns nicht mehr gegen äußere Einflüsse abschirmen, die verblendete Gedanken ins Spiel bringen können. Wenn wir dann beschimpft werden, ärgern wir uns nicht mehr, und wenn uns jemand zum Trinken überreden möchte, geraten wir nicht in Versuchung. Im Sutta heißt es dazu:

> Wie es in ein schlecht gedecktes Haus hineinregnet, so hat das Begehren Zugang zum ungeschulten Geist. Wie es in einem sorgfältig gedeckten Haus trocken bleibt, so bleibt der wohlerzogene Geist frei vom Begehren.

Aber grübeln wir nicht über unser schädliches Handeln in der Vergangenheit, das wäre reine Zeit- und Kraftverschwendung.

Viel besser ist es, uns ein gesundes und nützliches Denken anzugewöhnen, das schädliche Gedanken einfach verdrängt. Wir müssen uns wirklich immer wieder auf Gedanken der Großzügigkeit und Herzensgüte, des Mitgefühls und des Gleichmuts besinnen, um unsere schädlichen Neigungen aufzulösen und bessere an ihre Stelle zu setzen.

Das geschieht am allerbesten durch Achtsamkeitsmeditation. Diese Praxis besteht, wie ich bereits erwähnt habe, aus zwei Arten von Meditation, nämlich Konzentrationsmeditation oder *Samatha* und Einsichtsmeditation oder *Vipassana*. Meditative Konzentration macht den Geist ruhig, friedlich und lichtvoll, und sie überwindet die Hindernisse, das heißt negative Neigungen, die unseren spirituellen Fortschritt bremsen und unsere Konzentrationsfähigkeit stören. Auf die Hindernisse werden wir in Kapitel 10 noch einmal eingehen.

Einsichtsmeditation – eigentlich das, was wir hier Achtsamkeit nennen – beseitigt die Hindernisse und alle anderen negativen Tendenzen. Mit ihrer Hilfe überwinden wir die Unwissenheit, sodass wir schließlich den Kreislauf der Geburten und Tode beenden können und Befreiung vom Samsara erlangen.

Achtsamkeit auf den Geist – Kernpunkte der Praxis

▸ Wenn Sie auf Ihrem Meditationskissen sitzen und ein Begehren sich in Ihnen regt, vielleicht sexuelle Begierde, was ist dann zu tun? Nun, zunächst einmal können Sie sich sagen, dass diese Regung nicht vorhanden wäre, wenn keine Neigung dazu bestünde. Ihr Geist ist lichtvoll, aber nicht ganz und gar rein.

▸ Führen Sie sich die Möglichkeit vor Augen, Ihren Geist vom Begehren zu befreien. Beobachten Sie Ihre Gedanken, ohne ihnen nachzugehen, bis das Begehren verblasst.

▸ Wenn das eintritt, vermerken Sie, dass es so ist. Sagen Sie sich innerlich: »Herrlich, erst war dieser Geist so voller Wünsche, und jetzt sind sie alle weg. Dann ist es wohl tatsächlich möglich, diesen Geist vom Begehren zu befreien.«

▸ Führen Sie sich das Wesen des vom Begehren freien Geistes vor Augen. Es ist ein großzügiger, milder, mitfühlender Geist, der gern auf Gedanken an sinnliche Lust verzichtet. Das gibt Ihnen Zuversicht für die weiteren Schritte.

▸ Oder nehmen wir an, dass Sie bei der Meditation in der Gemeinschaft ein Geräusch hören. Jemand geht mit lauten Schritten. Jemand hustet. Jemand niest. Jemand schnarcht. Sie mögen das nicht, es ärgert Sie.

▸ Ihre Gereiztheit nimmt zu, und Sie fragen sich: »Weshalb gehen diese Leute nicht leise? Wieso nehmen Sie keinen Hustensaft? In einer solchen Verfassung sollte man allein in seiner Hütte meditieren und nicht den anderen zur Last fallen. Wieso stupst man den Schnarcher nicht an, es sitzt doch jemand neben ihm?«

▸ Diese und ähnliche Fragen sind sehr belastend. Sie werden ärgerlich. Hassgedanken steigen auf, und das kann in jeder Haltung sein, ob Sie sitzen, stehen, gehen oder liegen.

▸ Wenn sich Hass regt, nehmen Sie ihn zur Kenntnis: »Hass-Gedanken werden in mir laut.« Hass bildet sich aufgrund von früheren Erfahrungen, er beruht auf Ursachen und Bedingungen. Er kann ganz unverhofft aufsteigen.

▸ Wenden Sie zur Überwindung solcher Gedanken die Achtsamkeitstechniken an, die Sie eingeübt haben. Beachten Sie die Gedanken, aber gehen Sie ihnen nicht nach. Sehen Sie zu, was Hass mit Ihrem Bewusstsein macht. Denken Sie nicht an bestimmte Vorfälle, Situationen oder Personen. Verbalisieren Sie nicht, auch nicht: »Mein Geist ist voller Hass.« Worte behindern die schlichte und direkte Wahrnehmung dessen, was in Ihnen vorgeht. Achten Sie nur aufmerksam auf alles. Erkennen Sie, was da in Ihnen entstanden ist.

- Machen Sie sich das Wesen eines hassfreien Geistes bewusst. Ein solcher Geist ist schön, in Frieden, entspannt und voller Herzensgüte.
- Vielleicht stellen sich unverhofft Gedanken der Freundlichkeit und des Mitfühlens ein. Sie lassen keine bestimmten Inhalte erkennen und richten sich nicht auf bestimmte Personen. Nehmen Sie das zur Kenntnis, fühlen Sie es, tauchen Sie ein, nehmen Sie es an, seien Sie einfach in und bei diesen Gefühlen.
- Der Geist muss frei von Verblendung sein, um wissen zu können, dass er frei von Verblendung ist. Bevor Ihr Geist von Verblendung getrübt wurde, war er klar, ganz so, wie Sie vor dem Einschlafen wach waren. Sie brauchen in dem Augenblick auf nichts anderes zu achten als darauf, dass Ihr Geist klar ist.
- Wenn Sie aufmerksam sind, lösen sich die Wolken der Verblendung nach und nach auf, und jener Geist tritt wieder hervor, der wie der klare blaue Himmel ist. Sie sehen klar, dass sich Bewusstsein ständig ändert. Gedanken stellen sich ein und vergehen. Sie sind nicht dauerhaft. Regt sich Verblendung, achten Sie darauf und wissen, dass es sich um Verblendung handelt. Dann kann sie langsam wieder verblassen, und Sie erkennen den Geist als klar, bewusst und lichtvoll.

9. Die Geistesverfassung

Einmal brachte jemand ein köstliches Fischgericht zu einem Tempel, der von einem Mönch und einem Tempeldiener betreut wurde. Zur Essenszeit nahm der Mönch Platz, und der junge Tempeldiener setzte ihm das Fischgericht vor, das aus acht Stücken Fisch bestand.

Der Mönch nahm drei davon. Er aß, und der Tempeljunge sah gespannt zu und dachte: »Er ist der Mönch und der Tempelvorsteher, soll er ruhig drei Stücke haben. Da bleiben mir immer noch fünf, genug für meine Mittags- und Abendmahlzeit.«

Als der Mönch mit den drei Stücken Fisch fertig war, langte er erneut zu.

Der junge Tempeldiener dachte: »Natürlich, als Mönch und Tempelvorsteher steht ihm die Hälfte der Mahlzeit zu, soll er ruhig noch ein Stück nehmen.«

Der Mönch nahm aber zwei.

Der Tempeljunge dachte: »Das ist schon gut so, soll er ruhig fünf Stücke haben, da bleiben mir ja immer noch drei, davon werde ich schon satt werden.«

Der Mönch griff aber noch einmal zu und nahm zwei weitere Stücke, sodass nur noch ein kleines Reststück blieb.

Der Junge dachte: »Nun gut, schließlich ist er ja groß, und ich bin noch klein. Das eine Stückchen wird mir schon reichen.«

Aber da nahm sich der Mönch wahrhaftig auch noch das letzte Stück, und jetzt war es um die Fassung des jungen Tempeldieners geschehen. »Ehrwürdiger«, jammerte er, »Ihr werdet doch nicht den ganzen Fisch aufessen und mir keinen einzigen Bissen lassen!«

> Da merkte der Mönch, dass er in seiner Gier völlig unachtsam gewesen war und den geduldig wartenden, treuen Tempeldiener einfach vergessen hatte. Es war ihm so schrecklich unangenehm, dass er von da an nie wieder gierig aß.

ES IST WIRKLICH nicht einfach, auf unsere Gier und andere innere Regungen aufmerksam zu werden. Wie bereits angemerkt, können wir den Geist nicht in seiner Gesamtheit betrachten, sondern wir erkennen ihn nur an seinen Inhalten. Meist läuft es dann aber so: Wenn sich Gier in uns regt, blicken wir nicht auf den Geist und seine derzeitige Verfassung, sondern geben der Gier einfach nach, wie es in dieser überlieferten Geschichte von der Fischmahlzeit im Tempel erzählt wird. Wir geben blind und impulsiv unserem Instinkt nach, selbst wenn wir aus Erfahrung wissen, dass wir es später bereuen werden.

Sobald unser Geist von etwas besetzt ist, bringen wir kaum noch die nötige Disziplin auf, die es uns erlauben würde, achtsam zu bleiben. Wir sprechen, denken und handeln dann völlig kopflos.

Doch genau das lernen wir durch Achtsamkeitspraxis: innezuhalten und unseren Geist zu betrachten. Bevor uns das im Alltag gelingen kann, üben wir es zuerst im Rahmen unserer Meditation auf dem Sitzkissen. Gedanken kommen und gehen, und wir beobachten einfach, wie sie entstehen, verweilen und dann wieder vergehen.

Da die im Laufe der Meditation aufkommenden Impulse nicht gleich umgesetzt werden, können wir unsere geistigen Regungen in Ruhe betrachten. Das Sutta über die vier Grundlagen der Achtsamkeit legt uns acht Paare von Geisteszuständen als Beobachtungsobjekte ans Herz. Unser Ziel ist es, jederzeit zu erkennen, in welcher Verfassung unser Geist gerade ist:

1. gierig oder nicht gierig,
2. hasserfüllt oder nicht hasserfüllt,
3. verblendet oder nicht verblendet,
4. bedrückt/abgelenkt oder nicht bedrückt/abgelenkt,
5. nicht entwickelt oder entwickelt,
6. nicht im Höchsten oder im Höchsten,
7. nicht konzentriert oder konzentriert,
8. nicht befreit oder befreit.

Mit den ersten vier Paaren von Geistesverfassungen können wir während unserer Meditation, aber auch in Situationen des Alltags konfrontiert werden. Wenn wir auf dem Meditationskissen gelernt haben, auf sie aufmerksam zu werden, gelingt es uns oft auch zu anderen Zeiten besser, sie im Auge zu behalten. Bei den übrigen vier Paaren geht es auf der positiven Seite um Zustände, zu denen wir nur durch beharrliche, engagierte Praxis gelangen. Es ist aber gut, von diesen Zuständen schon einmal Kenntnis zu haben; das motiviert uns, sie gezielt anzustreben. Sehen wir uns also die Paare in der genannten Reihenfolge an, um die Zustände leichter erkennen zu können.

Gierig oder nicht. Wir haben alle schon einmal achtlos und impulsiv agiert wie der gefräßige Mönch. Angenommen, am Büffet fällt uns etwas ins Auge, das wir besonders lecker finden. Sofort springt der Gier-Geist an. Wir laden uns ordentlich davon auf den Teller und denken nicht an die Leute, die hinter uns in der Schlange stehen und vielleicht auch schon ein Auge auf ebendiese Köstlichkeit geworfen haben.

Wir schulen unsere Achtsamkeit, um frühzeitig auf innere Regungen aufmerksam zu werden und der Impulshandlung noch irgendwie zuvorzukommen. Sobald uns auffällt, dass unser Geist von irgendetwas gepackt ist, denken wir an den Unmut, den wir bei denen auslösen würden, die hinter uns warten. Wie der gierige, aber lernbereite Mönch am Ende der Geschichte üben wir uns von nun an ganz praktisch in Achtsamkeit, um unser Verhalten zu ändern.

Wir fühlen uns auch gleich viel wohler, wenn unsere Gier einmal verschwindet, sei es auch nur vorübergehend. Wir vermerken diese innere Unbeschwertheit ganz bewusst und machen uns klar, dass unsere Gier jederzeit und in jeder Situation ganz plötzlich anspringen kann. Solange wir aufmerksam bleiben, finden sich immer wieder Gelegenheiten, unsere Geistesverfassung zu betrachten und uns in Zurückhaltung zu üben.

Ich nutze jede Gelegenheit zu Spaziergängen. Es kommt in meiner Heimat in West Virginia immer wieder vor, dass ich von Jägern angeschossene Hirsche sehe, die nicht gefunden wurden und am Wegrand verendeten. Da liegen sie dann und verwesen. Ich sehe auch Müll, der einfach neben der Straße deponiert wird – Bierdosen, Schnapsflaschen, Antennenschüsseln, Kühlschränke, Tische und sonstiger Sperrmüll. Auch das gammelt alles so vor sich hin.

So viel lieber würde ich eine saubere Umwelt sehen, manchmal bedrückt mich dieser Anblick einfach. Und genau dann schaltet sich meine Achtsamkeit ein. Ich rufe mir in Erinnerung, dass Verlangen – auch dieses Verlangen – mehr schadet als nützt. Sogar der unschuldige Wunsch, die Leute mögen mit dieser Art zu jagen aufhören und ihren Abfall ordentlich entsorgen, beschert meinem Geist Unruhe und mir Leid. Dann beharre ich nicht mehr auf meinen Vorstellungen von meiner Umwelt, sondern sage mir, dass ich nicht die ganze Welt in Ordnung bringen kann – und löse mich von meinem Wunsch. An der Gier der Welt kann ich vielleicht nichts ändern, an der eigenen dagegen sehr wohl. Und wie viel leichter mir dann sofort wird! Die Situation ist unverändert, aber ich bin wieder in Frieden.

Hasserfüllt oder nicht. In seiner natürlichen Verfassung ist der Geist wie kühles, klares und ruhiges Wasser. Hassgedanken erhitzen ihn, dann wirft er Schlieren und siedet schließlich, sodass wir nicht mehr klar denken können, wir sehen die Dinge nicht mehr, wie sie sind. In diesem Zustand ist von unserem entspannten, ruhigen, friedlichen Geist nichts mehr zu erkennen, und in ihm brodeln Eifersucht, Vergeltungssucht, boshafte und grausame Gedanken. Wir würden es dem Verursacher unseres Ärgers gern »zeigen«. Wenn wir hier nicht unsere Achtsamkeit einschalten, wird unser Geist uns Dinge eingeben und aussprechen lassen, die nur kränkend und verletzend wirken können.

Achtsamkeit schneidet unserem Ärger die Brennstoffzufuhr ab. Wenn sich Hass in uns regt, können wir auf ganz einfache Gedanken zurückgreifen: »Hass macht mich krank. Er bringt mein Denken durcheinander. Ein unklarer, unwohler Geist lässt keine sinnvolle Meditation zu. Nur mit einem ruhigen, friedvollen Geist sehe ich mich klar und kann mein Ziel erreichen.« Der Buddha schildert die Erleichterung nach der Überwindung eines Hassgedankens so:

> Denkt euch einen Mann, dem es nicht gut geht, den etwas befällt, was ihn schwerkrank macht. Nichts schmeckt ihm mehr, seine Kräfte nehmen ab. Doch nach einiger Zeit erholt er sich von seiner Krankheit, seine Freude am Essen stellt sich wieder ein, er kommt langsam zu Kräften. Wenn er darüber nachdenkt, macht es ihn froh, ja, er erlebt große Freude.

Verblendet oder nicht. Verblendung oder Wahn sind naturgemäß nicht ganz leicht zu durchschauen. Der Geist muss wahnfrei sein, um zu erkennen, dass er nicht verblendet ist. Woran also erkennen wir, ob wir verblendet sind oder nicht? Nun, vor allem dürfen wir nicht vergessen, dass der Geist seiner Natur nach klar und lichtvoll ist. Wir haben diese Klarheit schon oft erlebt, vielleicht beim Meditieren oder kurz vor dem Einschlafen beziehungsweise am Morgen gleich nach dem Aufwachen. Gewöhnen wir uns an, diese Klarheit zu bemerken, wenn sie da ist. Dann ist auch Verblendung leichter zu erkennen, wenn sie eintritt.

Verblendung manifestiert sich meist so, dass wir falsch einschätzen, wer wir sind und wie wir existieren. Wenn sich Gier und Hass in uns regen, denken wir:»Ich muss das haben«, oder:»Das ist mir zuwider.« Dieses Ich, das wir dann empfinden, fühlt sich sehr festgefügt an und braucht irgendetwas ganz dringend. Dieses unglaublich starke Bedürfnis hält den Geist geradezu gefangen. Es scheint etwas zu sein, woran unser Leben hängt. Aber wir können uns sogar in dieser Lage in Erinnerung rufen, dass unser Geist frei war, bevor dieses dringende Bedürfnis in den Vordergrund trat. Und diese Erinnerung hilft uns, achtsam zu werden.

Alles ist vergänglich, das ist das zugrundeliegende Prinzip. Wenn wir uns wahnhaften Gedanken aufmerksam zuwenden, löst sich die Wolke der Verwirrung langsam auf. Schon bald erscheint der klare blaue Himmel des ursprünglich reinen Geistes wieder. Haben wir den Wahn als Wahn erkannt, ist der Wahn zu Ende – vorerst jedenfalls. Endgültig frei von aller Verblendung werden wir erst durch den Eintritt ins Nibbana.

Bedrückt/abgelenkt oder nicht bedrückt/abgelenkt. Manchmal sind wir bedrückt und reserviert. Etwas Unerfreuliches beschäftigt uns, und das kann jederzeit passieren. Wir sitzen beispielsweise auf unserem Meditationskissen, und plötzlich ist der Gedanke da, dass wir eigentlich keine Fortschritte bei unserer Meditation machen. Wir denken:»Bei mir sind Hopfen und Malz verloren. Alle anderen sind froh und haben ihren Frieden. Ich bin der Einzige, der es nicht auf die Reihe bekommt.« Solche Regungen begleiten dann auch unseren Alltag:»Keiner liebt mich. Ich bin zu alt/dick/unansehnlich. Ich sage immer genau das Falsche, ich tue immer genau das Falsche.«

Wenn uns auffällt, dass sich unser Geist in dieser Weise festgebissen hat, können wir nichts Besseres tun, als ihn genau zu beobachten, und zwar beharrlich. Rationalisieren Sie nichts, rechtfertigen Sie nichts. Lassen Sie nicht zu, dass ein Gedanke den nächsten folgen lässt. Beharren Sie auf nichts, beobachten Sie nur gut. Auch diese Geistesverfassung ist vergänglich. Sie wird wie jede andere nach und nach wieder vergehen.

Das Gegenteil dieses in sich selbst verbissenen Geistes ist der abgelenkte Geist. Er weitet sich ins Unermessliche, die ganze Welt erscheint ihm so offen und einladend. Wir fühlen uns als etwas ganz Besonderes. Auch diese Verfassung unseres Geistes ist ein Hindernis. Wenn wir ihm nicht die Zügel der gezielten Aufmerksamkeit anlegen, verselbstständigt er sich wie der Affengeist und bereist in der Fantasie das ganze Universum.

Nicht entwickelt oder entwickelt. Der entwickelte Zustand des Geistes kommt in unserem Alltagsbewusstsein nicht vor. Manche Übersetzer verwenden den Ausdruck »erhaben«, um diese Verfassung zu umschreiben. Es ist ein Zustand tiefer, gelassener Ruhe, ein Zustand des Friedens, den wir nur in tiefer Konzentrationsmeditation erreichen. Der Geist erhebt sich dann über das Normalbewusstsein. Er hat etwas Schwebendes. Es ist ein harmonischer, entspannter, heiterer, klarer und ausgeglichener Geist. Auch Meditierende mit viel Erfahrung kommen nicht bei jeder Meditation in diese Verfassung.

Nach einer solchen Erfahrung, am Ende unserer Meditation, kehrt der Geist in den Normalzustand zurück, und wir erleben ihn in seiner nicht entwickelten Verfassung. Unser normales Bewusstsein mit allen Sinneserfahrungen ist wieder aktiv. Da wird uns bewusst, dass der Geist eigentlich nichts Besonderes ist.

Nicht im Höchsten oder im Höchsten. Auch dieses Zustandspaar ist nur für die tiefe Konzentrationsmeditation von Bedeutung. Der höchste Zustand ist das, was der Buddha nach seiner Erleuchtung als die unübertreffliche, unvergleichliche und transzendente Verfassung des Geistes beschrieb. Wer in der Meditation sehr weit fortgeschritten ist, kann zu Erfahrungen dieser Art kommen. Der Geist ist dann rein, schmiegsam, gefestigt, unerschütterlich. Das ist ein herrlicher Zustand, aber einstweilen vergänglich. Er wird erst dauerhaft, wenn wir Befreiung gefunden haben. Keiner der sonstigen Zustände, die wir beim Meditieren erreichen, ist der höchste. Der Ausdruck dient uns als Ansporn; er macht uns bewusst, dass es höhere Zustände gibt.

Nicht konzentriert oder konzentriert. Es kommt vor, dass sich unser Geist bei der Meditation mit einiger Ausdauer auf eine einzige Sache zu konzentrieren vermag. Haben wir diese vollkommen gesammelte Aufmerksamkeit einmal erreicht, müssen wir üben, sie zu bemerken und den konzentrierten Geist als konzentrierten Geist zu erkennen. Wenn unser Geist dann bedrückt oder abgelenkt ist, bemerken wir, dass er eben nicht konzentriert ist.

Manche kommen, wenn ihr Geist abgelenkt ist, nicht auf die Idee, das einfach zu vermerken, sondern beklagen sich: »Meine Gedanken springen von hier nach dort, ich kann mich einfach nicht konzentrieren.« Wer so denkt, wird natürlich erst recht unzufrieden und zerfahren. Halten wir uns lieber an den Rat des Buddha und nehmen einfach Notiz davon. Bald verblasst dieser unkonzentrierte Geist wieder, und wir finden einen neuen Zugang zur Konzentration. Achtsames Betrachten, das ist der Schlüssel.

Nicht befreit oder befreit. Ein befreiter Geist kennt keine Probleme mehr. Er kennt auch keine Gier, keinen Hass, keinen Trübsinn und keine Ablenkung mehr. Auf den höchsten Stufen der Konzentrationsmeditation kann man vorübergehend in den Zustand der Befreiung eintreten. Das ist eine wunderbare und zutiefst prägende Erfahrung, auch wenn sie noch nicht anhält. Wir brauchen uns nur weiterhin genau an die Schritte der Achtsamkeitspraxis zu halten, dann wird der Geist irgendwann vollkommene Befreiung finden.

Über den Umgang mit den Geistesverfassungen

Aus dieser Betrachtung der Geistesverfassungen in Gegensatzpaaren ergibt sich, dass immer nur die eine Seite gegeben sein kann und nicht gleichzeitig auch die andere. Erst wenn beispielsweise die Gier verblasst, gelangen wir in eine Verfassung, in der wir »nicht gierig« sind. Im »Sutta über die Beendigung ablenkender Gedanken« zieht der Buddha einige recht plastische Bilder heran, um zu veranschaulichen, wie man einen negativen Geisteszustand vertreibt, damit sich der entsprechende positive einstellen kann. Von Beispiel zu Beispiel erhöht sich der Nachdruck der Maßnahmen; wenn eine mildere Maßnahme nicht ausreicht, greifen wir zur nächststärkeren.

▸ Wir ersetzen den Gedanken: Angenommen, Gier, Hass oder Verblendung werden wach, weil wir einem beunruhigenden Aspekt einer Sache allzu viel Aufmerksamkeit widmen. Dann wenden wir uns einfach einem anderen, unbelasteten Aspekt zu, wie der geschickte Tischler einen dicken Zapfen mit einem dünneren austreiben kann.

▸ Wir führen uns die Leiden vor Augen, die unsere Geistesverfassung nach sich zieht: Will der Zustand nicht vergehen, machen wir uns klar, wie gefährlich er ist und wie abstoßend und unpassend solche Gedanken sind. Stellen Sie sich vor, wie entsetzt, angewidert und gedemütigt ein junger Mensch mit Sinn für geschmackvollen Schmuck wäre, wenn ihm eine tote Schlange um den Hals gelegt würde.

▸ Wir ignorieren den Gedanken: Wenn ein Gedanke nicht abzuschütteln ist, versuchen wir ihn zu vergessen. Beachten Sie ihn nicht, machen Sie es wie ein Mann, der etwas Bestimmtes nicht sehen möchte und deswegen den Blick abwendet oder die Augen schließt.

▸ Denken Sie daran, dass dieser Gedanke vergänglich ist: Möchte der Gedanke auch dieser Maßnahme nicht weichen, rufen Sie sich in Erinnerung, dass jede Geistesverfassung aufkommt und irgendwann wieder vergeht. Dann gelangt der Geist einfach von einer Verfassung in eine andere, ungefähr wie ein Mann, der schnell geht und dann vielleicht denkt: »Weshalb gehe ich so schnell? Ich könnte doch auch langsam gehen.« Dann geht er langsam, und später kommt ihm vielleicht der Gedanke: »Jetzt gehe ich, aber ich könnte auch stehen bleiben.« Dann steht er, und vielleicht denkt er etwas später: »Wieso stehe ich hier? Ich könnte mich doch auch setzen.« Er setzt sich hin, bis ihm vielleicht einfällt: »Statt zu sitzen, könnte ich mich eigentlich auch hinlegen.« Dann legt er sich nieder.

▸ Den Gedanken niederringen: Wenn nichts anschlagen will und der Gedanke sich einfach durchsetzt, beißen wir die Zähne zusammen, pressen die Zunge an den Gaumen und setzen unsere gesamte Kraft ein, um ihn zu überwältigen. Wir ringen Geist mit Geist nieder, wie ein starker Mann einen schwächeren packen und niederringen würde.

Jede negative Geistesverfassung ist stark belastend, und alles spricht dafür, unsere Achtsamkeit gezielt und nachdrücklich gegen sie einzusetzen, aber sie dient uns natürlich auch zum Aufbau einer gesunden und nutzbringenden inneren Verfassung. Bei Regungen der Großzügigkeit, Herzensgüte, Wertschätzung und des Gleichmuts etwa können wir uns fragen, ob unsere Achtsamkeit stark genug ist, um solche Gedanken aufrechtzuerhalten, und ob wir sonst noch etwas tun können. Und da lässt sich natürlich manches tun. Wir sorgen zum Beispiel für ein geeignetes Wohnumfeld und halten es sauber, wir suchen den Umgang mit Gleichgesinnten, lesen inspirierende Bücher und bauen eine tägliche Achtsamkeitspraxis auf.

Durch Achtsamkeit und beharrliches Bemühen bringen wir uns in eine erstrebenswerte Geistesverfassung, die uns Zuversicht, Geduld, Konzentration und Aufmerksamkeit erlaubt und in der unsere Gedanken zum Dienst an anderen, zur Einfachheit, Zufriedenheit und Weisheit tendieren.

MEDITATION ÜBER DIE GEISTESVERFASSUNG – KERNPUNKTE

- ▶ Achtsamkeit auf die Geistesverfassung muss eingeübt werden, und das gelingt am besten, wenn Sie täglich meditieren und sich dabei vor allem auf den Atem konzentrieren. Je entspannter, gleichmäßiger und subtiler der Atem wird, desto ruhiger und entspannter ist auch der Geist.
- ▶ Üben Sie das Beobachten Ihrer inneren Zustände: wie sie sich einstellen, den Höhepunkt erreichen und vergehen. Wer dies auf dem Meditationskissen geübt hat, dem gelingt es auch im Alltag besser, seine inneren Zustände achtsam im Auge zu behalten.
- ▶ Das Bewusstsein der Vergänglichkeit ist selbst auch vergänglich. Während der Geist beobachtet, wie ein innerer Zustand entsteht, seinen Höhepunkt erreicht und wieder vergeht, wechselt er selbst auch seinen Zustand. Sie achten auf die Veränderungen eines inneren Zustands, und dabei stellt sich ein anderer ein. Ihr Geist löst sich vom ersten und wendet sich dem zweiten zu: Der die Vergänglichkeit beobachtende Geist ändert sich währenddessen auch selbst.
- ▶ Wenn Ihre achtsame Ausrichtung auf die Vergänglichkeit einer ungünstigen Geistesverfassung nicht zum Ziel führt, versuchen Sie es mit einem nachdrücklicheren Ansatz.
- ▶ Sind Gier, Hass, Verblendung und andere schädliche innere Zustände einmal abgelegt, bekommt der Geist etwas Ruhiges und Stetiges. In dieser Verfassung kann er auf eine einzige Sache konzentriert werden.
- ▶ Achtsamkeit und Konzentration können Hand in Hand arbeiten und nehmen dann selbst die kleinsten Veränderungen im Geist wahr, mögen es noch so viele sein.

- Sehen Sie zu, dass Sie in der Achtsamkeit und Aufmerksamkeit nicht an Gedanken festhalten. Gedanken und Ideen stören da nur, und ohne sie können Sie den Geist wie einen scharf gebündelten Lichtstrahl auf die fünf Anhäufungen ausrichten. Dann sieht der Geist, dass »ich« nur existiert, wenn Körper, Gefühle, Wahrnehmungen, Gedanken und Bewusstsein existieren. Und auch sie existieren wiederum aufgrund von Ursachen und Bedingungen. Sie sind veränderlich und vergänglich. In keiner der Anhäufungen ist eine Seele oder ein Ich aufzufinden.
- Jeder Augenblick ist neu, jeder ist frisch. Jeder Augenblick bringt neue Einsicht und neues Verstehen.
- Nichts bleibt, wie es ist, alles bewegt und ändert sich. Alles erscheint und verschwindet. Gefühle kommen und gehen. Gedanken werden laut und verklingen. Wahrnehmungen treten auf und vergehen. Bewusstsein entsteht und vergeht. Wir erleben nichts als Wandel.
- In der Geistesverfassung, die wir tiefe meditative Konzentration nennen, sehen Sie die Dinge, wie sie wirklich sind.

Teil 4

Achtsamkeit auf den Dhamma

10. Hindernisse

Als der Ehrwürdige Anuruddha einmal zurückgezogen für sich allein meditierte, kamen ihm sieben Gedanken. Der Buddha kannte seine Gedanken und erschien direkt vor ihm.

Er ließ sich auf einem vorbereiteten Sitz nieder und sprach: »Gut, Anuruddha, sehr gut. Du denkst eben die sieben Gedanken eines großen Menschen, nämlich: Dieser Dhamma ist für einen Zurückhaltenden, nicht für einen, der prahlt. Er ist für einen Zufriedenen, nicht für einen Unzufriedenen. Für einen, der zurückgezogen lebt, nicht für einen, der den Umtrieb sucht. Für einen, der von zupackender Art ist, nicht für einen Trägen. Für einen Achtsamen, nicht für einen Unachtsamen. Für einen mit gesammeltem Geist, nicht für einen Abgelenkten. Für einen, der mit Augenmaß handelt, nicht für einen Achtlosen. So denke nun, Anuruddha, den achten Gedanken eines großen Menschen: Dieser Dhamma ist für einen, der weise ist, nicht für einen, der sich dem Wahn hingibt.«

Dann gab ihm der Buddha Anleitung, wie er diese Erkenntnis einsetzen konnte, um in die tiefe Konzentration zu kommen. Anuruddha, der in der Abgeschiedenheit blieb, hielt sich achtsam, genau und entschlossen an die Anweisung des Buddha und erlangte binnen Kurzem die Befreiung, das höchste Ziel des heiligen Lebens. Als er ein Arahant geworden war, sprach er diese Worte:

Da der Lehrer meine Gedanken kannte, erschien er mir.

Er bestätigte meine Gedanken und lehrte darüber hinaus Weisheit, köstliche Nicht-Verblendung.

So kannte ich seinen Dhamma und tat nur zu gern, was er sagte. Erkenntnis wurde gewonnen, dem Geheiß des Buddha entsprochen.

WIR KOMMEN JETZT zur letzten der vier Grundlagen der Achtsamkeit, der Achtsamkeit auf den Dhamma. Hier gibt uns das Sutta Anleitung und praktische Ratschläge, die uns weiterhelfen, wenn es aus irgendeinem Grund mit unserer Meditation nicht so läuft. Es muss, wie auch die Geschichte von Anuruddha zeigt, einiges an Voraussetzungen gegeben sein, wenn wir unser spirituelles Ziel erreichen wollen. Wir müssen zurückhaltend, zufrieden, zurückgezogen, achtsam, gesammelt, urteilsfähig und weise sein. Wenn wir diese edlen Eigenschaften in uns tragen, kann uns der Dhamma zur Befreiung führen. Haben wir diese Eigenschaften noch nicht, hilft uns der Dhamma, sie aufzubauen. Insbesondere ist es die Achtsamkeitspraxis, die uns darin unterstützt.

Alles beginnt damit, dass wir die geistigen Gewohnheiten ablegen, die uns auf diesem Weg nicht recht vorankommen lassen. Das ist ungefähr so, als würden wir ein Stück Boden urbar machen, um einen Garten anzulegen. Unter Umständen müssen Gehölze gerodet werden, auf jeden Fall gibt es viel Unkraut zu beseitigen. Im Dhamma bezeichnen wir diese auszuräumenden Dinge insgesamt als »Hindernisse«. Wir werden in diesem Kapitel fünf Hindernisse betrachten und uns überlegen, was wir gegen sie unternehmen können.

Ist der Boden erst einmal oberflächlich bereitet, können wir uns den tieferen Schichten zuwenden. In Kapitel 11 graben wir uns zum Wurzelwerk der Hindernisse vor: zu den fünf Anhäufungen, den Kontakten der Sinne mit ihren Gegenständen und den zehn daraus entstehenden Fesseln.

Erst wenn diese tiefen Ursachen ausgemerzt worden sind, haben die sogenannten sieben Faktoren der Erleuchtung eine Chance zu wachsen. Wir werden uns das in Kapitel 12 ansehen. Im abschließenden Kapitel 13 vergegenwärtigen wir uns die Wegmarken, die der Buddha dem Dhamma-Pfad gegeben hat: die vier edlen Wahrheiten und die acht achtsamen Schritte oder Glieder des edlen achtfachen Pfades. Es ist gut, diese Stationen unseres Weges vom Leid zur Freiheit zu kennen.

Die fünf Hindernisse

Bei der Achtsamkeitsmeditation finden wir schnell heraus, dass es nicht immer leicht ist, sich zu konzentrieren. Vielleicht sammeln wir uns auf den Atem oder beobachten die Veränderungen im Körper oder in unserem Fühlen und Denken, jedenfalls bekommen wir es ständig mit Ablenkungen zu tun, die uns manchmal aus der Spur werfen. Wenn die Ablenkungen besonders stark sind, werden sie »Hindernisse« genannt. Sie stören bei der Meditation wie im Alltag unsere Konzentration.

Einige haben wir bereits erwähnt, zum Beispiel, als wir feststellten, dass hinter vielen unserer Gefühle das *Verlangen* nach Lust oder Wohlgefühl und der *Widerwille* gegen Schmerz stehen. Andere Hindernisse des Fortschritts auf dem Pfad sind *Unruhe und Sorgen, Trägheit und Stumpfheit* sowie der *skeptische Zweifel*. Mit Achtsamkeit können wir fünf wichtige Dinge über diese Hindernisse in Erfahrung bringen: wann sie gegeben sind und wann nicht, wie sie entstehen, wie man sie zum Verschwinden bringen kann und wie man verhindert, dass sie wiederkommen.

Wunsch/Verlangen. Als Hindernis ist das Verlangen mehr als bloßes Hebenwollen und Halten. Das Sutta über die vier Grundlagen der Achtsamkeit verwendet hier das Pali-Wort *Chanda*, das »Bereitschaft zu sinnlicher Lust« bedeutet. Wir haben bereits darüber gesprochen, dass uns der Wunsch nach schönen Sinneseindrücken – für die Augen, die Ohren, die Nase, den Geschmackssinn und den Berührungssinn – gern ablenkt, wenn wir zu meditieren versuchen. Und jeder hat sicher schon erlebt, dass sinnliches Verlangen auch die Konzentration bei der Arbeit oder im Haushalt untergräbt. Sind wir nicht schon oft durch plötzliche Lust auf ein Eis oder auf die physische Gegenwart unseres Freundes/unserer Freundin abgelenkt worden? Das alles ist Chanda, das von den Sinnen ausgehende Verlangen nach Lust.

Ablenkendes Verlangen kann auch vom Geist ausgehen, der im

Buddhismus als sechster Sinn verstanden wird. Es kann passieren, dass uns beim Meditieren eine bestimmte Melodie nicht aus dem Kopf gehen will. Es kann sogar sein, dass wir lieber bei dieser Melodie bleiben, statt einfach ihr Kommen und Gehen zu verfolgen. Wenn wir hier nicht aufpassen, wird unsere gesamte Aufmerksamkeit davon vereinnahmt und steht dann nicht mehr für den Atem oder unser jeweiliges Meditationsobjekt zur Verfügung.

Um das Hindernis des Verlangens überwinden zu können, müssen wir erst einmal erkennen, dass es gegeben ist. Wenn der Wunsch, den Fernseher einzuschalten, unsere Ausrichtung untergräbt, machen wir uns klar: »Ich habe dieses Verlangen.« Im nächsten Schritt füttern wir diesen Wunsch nicht auch noch mit Vorstellungen von seiner Erfüllung, sondern setzen unsere Achtsamkeit ein, um seinen Ursprung zu verstehen und ihn dann aufzulösen. Manchmal genügt es, uns einfach zu sagen, dass das mit dem sinnlichen Kontakt verbundene Wohlgefühl nur einen Moment anhält und dann wieder verschwindet und uns mit leeren Händen zurücklässt. Oder wir vergegenwärtigen uns, wie ungesund oder hinderlich die Erfüllung des Wunsches ist. Zum Beispiel: »Eis ist nichts für mich. Erstens bekomme ich Pickel davon, und zweitens macht es mich dick.« Oder auch: »Dieses Verlangen stört meine Konzentration und verhindert, dass ich bei der Meditation Fortschritte mache. Ich will nicht einmal daran denken!«

Wenn der Wunsch dann verschwindet, verzeichnen wir sein Verblassen. Danach sind wir besonders wachsam, damit er nur ja nicht wieder auftaucht, zumindest nicht während dieser Meditation. So nützlich solche Maßnahmen für den Moment sind, wirken sie leider nur vorübergehend. Das Verlangen wird sich immer wieder in uns regen, bis wir es durch tiefe Meditation mit Stumpf und Stiel beseitigt haben.

Übelwollen. So nennen wir im Buddhismus alle Formen der Aversion, vom leichten Widerwillen bis zu regelrechtem Hass. Wir wissen aus Erfahrung, dass wir uns schon bei gewöhnlichem

Ärger unwohl fühlen und kaum noch in der Lage sind, uns zu konzentrieren. Dazu wird die Geschichte von einem Mönch erzählt, der jahrelang zurückgezogen in einer Höhle meditierte. Als er schließlich in die Welt zurückkehrte, trat ihm ein Passant versehentlich auf die Zehen. »Pass doch auf!«, fuhr der Mönch ihn augenblicklich an. Da müssen wir wohl annehmen, dass es dem armen Mönch nicht gelungen war, die Hindernisse mittels Achtsamkeit und Konzentration samt ihren Wurzeln auszureißen.

Gegen das Hindernis des Übelwollens gehen wir genauso vor, wie wir es im Zusammenhang mit dem Begehren und Verlangen besprochen haben. Wenn wir ärgerlich zu werden beginnen, sollten wir das sofort bemerken und einschreiten, anstatt uns hineinzusteigern. Die im siebten Kapitel unter der Überschrift »Ärger und wie Sie mit ihm fertigwerden« zusammengetragenen Anregungen sind jedenfalls ein guter Ausgangspunkt. Bedenken Sie, dass Übelwollen immer mit dem Wunsch nach Abstand von etwas zu tun hat, was uns unangenehm ist oder Schmerzen bereitet. Bedenken Sie auch, dass alles Übelwollen und seine Ursachen vergänglich sind. In der Rückschau ist es uns oft unangenehm, dass wir uns über eine Belanglosigkeit derart aufgeregt haben. Wie alles andere vergeht unser Ärger mit der Zeit.

Bis dahin üben wir uns in Geduld, um Reaktionen zu vermeiden, die wir später nur bedauern würden. Geduld wirkt tief, sie beruhigt den Geist und macht uns friedfertig. Geduld darf natürlich nicht heißen, dass Sie sich von anderen alles gefallen lassen. Wir schieben unsere Reaktion nur auf, damit unser Ärger verraucht und wir angemessen und freundlich reagieren können. Sollte während unserer Meditation ein Übelwollen aufkommen, rufen wir uns in Erinnerung, dass Ärger kein klares Denken erlaubt und unser Vorankommen auf dem Weg behindert.

Aber nichts ist gegen Ärger so wirksam wie *Metta*, der Geist der Herzensgüte. Wir mögen uns noch so sehr über etwas aufregen, das jemand getan hat – es gibt immer die Möglichkeit, die Dinge mitfühlend zu betrachten. Vielleicht wollte der andere in

Wirklichkeit nur hilfsbereit sein, vielleicht ist er körperlich behindert oder seelisch gestört. Metta löst Verhärtungen des Herzens auf und lässt uns jemanden, der ungeschickt gehandelt hat, wohlwollend betrachten. Anstatt aus der Haut zu fahren, denken wir dann: »Wie kann ich diesem Menschen helfen?«
Wenn es uns mit solchen Gedanken gelungen ist, das Übelwollen abzuschütteln, vermerken wir, dass es weg ist. Mit achtsamem Eifer sorgen wir dafür, dass sich dieses Hindernis nicht erneut aufbaut.

Trägheit und Stumpfheit. Im Alltag kann es aus verschiedenen Gründen zu Trägheit, Mattheit und Müdigkeit kommen. Bei manchen Menschen handelt es sich einfach um eine Angewohnheit, andere flüchten auf diese Art vor tiefen Gefühlen des Ungenügens und der Niedergeschlagenheit. Wenn wir zu viel gegessen oder getrunken oder uns körperlich übermäßig angestrengt haben, sind wir müde. Das kann zum Problem werden, wenn es zu oft vorkommt, einfach weil wir dann keine Energie und keinen Antrieb mehr haben. Wir kommen auch mit unserer Arbeit nicht mehr weiter, ständig haben wir den Impuls, ein Schläfchen zu halten.

Geistige Trägheit, dieses Dumpfe und Schwere, ist für unsere Konzentration ein noch größeres Hindernis. Der Geist wird träge und trüb wie abgestandenes Wasser, in dem sich die Algen vermehren. Wenn wir uns auf etwas zu konzentrieren versuchen, wird es nicht klar und scheint weit weg zu sein. Wir können nichts lesen, wir können nicht denken, wir können uns nicht klar äußern, und selbst bei einfachen Fragen müssen wir lange überlegen. Wir bekommen nicht mehr mit, was in uns und ringsum vor sich geht. Dieser dumpfe Zustand hat viel mit der Unwissenheit gemein, die manchmal auch als ewiger Schlummer bezeichnet wird.

Beim Meditieren macht sich in Atmung, Geist und Körper Entspannung breit, und da kann es leicht passieren, dass man dumpf und schläfrig wird. Das ist zur rechten Zeit sehr angenehm und hochwillkommen, aber zu den Freuden tiefer Konzentration kommen wir auf diesem Wege nicht. Verwechseln wir das herrliche Gefühl der Entspannung nicht mit tiefer meditativer Versenkung. Einsicht verlangt kraftvolle, wache Klarheit.

Wenn wir merken, dass etwas Träges und Schweres über uns kommt, achten wir darauf. Wir rufen uns in Erinnerung, dass sich Trägheit und Stumpfheit nicht mit Achtsamkeit vertragen, und greifen zu geeigneten Gegenmitteln. Wir denken zum Beispiel an Anuruddha, der durch hingebungsvolle Praxis Befreiung fand – und nicht durch ein Nickerchen! Er konnte schließlich aus eigener unmittelbarer Anschauung bestätigen, was der Buddha gesagt hatte: »Dieser Dhamma ist für einen, der von zupackender Art ist, nicht für einen Trägen.«

Nützlich ist auch das Gespräch mit unserer Trägheit. Das innere Zwiegespräch könnte so aussehen: »Ich bin als Mensch geboren worden, und menschliche Geburt ist etwas relativ Seltenes. Dieses menschliche Leben ist sicher nicht gut genutzt, wenn ich mich der Trägheit ergebe und nichts tue. Mein Geist muss klar sein, wenn ich mich von Angst, Anspannung und Sorgen befreien möchte. Letztlich möchte ich Gier, Hass und Verblendung gänzlich hinter mir lassen. Ein träger Mensch findet nicht zu wahrem Frieden und wahrem Glück.« Ein Sutta vergleicht solche aufmunternden Worte mit dem Stock eines Kuhhirten. Immer wenn eine Kuh sich entfernen möchte, klopft der Hirte ihr mit dem Stock auf den Rücken, und schon kehrt sie zur Herde zurück. Wenn die Trägheit vergeht, nehmen wir Notiz davon. Und mit unserer Achtsamkeit sorgen wir dafür, dass sie nicht zurückkehrt.

Im Folgenden noch ein paar weitere Möglichkeiten, Trägheit und Stumpfheit zu überwinden und ihre Rückkehr zu verhindern.

Was gegen Trägheit hilft

- Öffnen Sie die Augen. Rollen Sie die Augen ein paar Sekunden lang. Schließen Sie die Augen wieder, um erneut in Ihre Achtsamkeitsmeditation einzutauchen.
- Visualisieren Sie ein helles Licht oder den klaren Himmel oder ein blendend weißes Schneefeld. Sammeln Sie sich innerlich ein paar Sekunden lang auf dieses Bild. Während dieser Visualisation vergeht die Schläfrigkeit.
- Atmen Sie tief ein, um den Atem dann möglichst lange anzuhalten. Atmen Sie langsam aus. Wiederholen Sie das mehrmals, bis Ihnen warm wird und Sie vielleicht sogar zu schwitzen beginnen. Dann kehren Sie zur Achtsamkeitspraxis zurück.
- Stehen Sie auf, um ein paar Minuten im Stehen zu meditieren, bis die Schläfrigkeit vergeht. Sollte das nicht genügen, meditieren Sie im Gehen (nach der Anleitung im Abschnitt »Der Ablauf der Meditation im Gehen« in Kapitel 2), bis Sie wieder frisch sind. Dann setzen Sie Ihre Meditation im Sitzen fort.
- Spülen Sie sich das Gesicht mit kaltem Wasser ab. Oder kneifen Sie sich mit Daumen und Zeigefinger in die Ohrläppchen, aber so, dass Sie es richtig spüren.
- Denken Sie an die Eigenschaften des Buddha, lassen Sie sich von seinem Vorbild inspirieren.
- Sollten Sie sich häufig dumpf und schläfrig fühlen, müssen Sie vielleicht zu einer anderen Zeit meditieren. Manche Menschen sind am Morgen besonders frisch und wach, andere meditieren am besten, bevor sie abends zu Bett gehen. Probieren Sie verschiedene Zeiten aus, und bleiben Sie bei der, zu der Sie sich am ehesten frisch fühlen.
- Experimentieren Sie auch mit anderen Veränderungen, die sich günstig auswirken könnten. Vermeiden Sie es beispielsweise, vor der Meditation zu essen.
- Wenn gar nichts hilft, bedenken Sie sich selbst mit Herzensgüte und halten ein kurzes Schläfchen.

Unruhe und Sorgen. Dieses Hindernis ist das Gegenteil von Trägheit und Stumpfheit. Hier schaltet der Geist nicht zurück und schläft ein, sondern ist beunruhigt und hektisch aktiv. Er ähnelt einer sich im Wind kräuselnden Wasseroberfläche. Wir sind in Sorge um alles, was wir noch nicht erledigt oder nachlässig getan haben. Wir schlagen uns mit Sicherheitsfragen herum – was nicht alles schiefgehen könnte zu Hause, bei der Arbeit, mit unserer Gesundheit, mit der Wirtschaft. Wir sind beunruhigt von Dingen, die in unserer Stadt, in unserem Land oder auf der anderen Seite des Globus geschehen. Wenn dieser Geist erst einmal in Fahrt gekommen ist, lassen sich immer ein paar Dinge finden, um die er sich sorgen kann.

Auch körperliche Unruhe kann uns zu schaffen machen. Wir sind voller nervöser Anspannung und können einfach nicht stillsitzen. Wir tigern auf und ab, wir greifen zum Telefon und legen es wieder weg, wir werfen einen Blick in den Kühlschrank, obwohl wir keinen Hunger haben. Wir wissen nicht, was uns umtreibt, und vielleicht gibt es tatsächlich keinen Grund. In dieser Verfassung bekommen wir natürlich nicht viel auf die Reihe, und von Meditation kann keine Rede sein.

Der erste Schritt besteht wie immer darin, dass wir auf unsere Verfassung aufmerksam werden: »Ich bin unruhig und besorgt.« Wir gestehen uns ein, dass wir uns in dieser Verfassung nicht konzentrieren können, wir überlegen, was zu tun ist. Die beste Medizin ist hier die Atemmeditation. Durch unsere Ausrichtung auf den Atem tritt zumindest eine Beruhigung ein. Und wenn der Atem einmal zur Ruhe gekommen ist, kann diese Ruhe auf Geist und Körper übergreifen.

Wir wenden die weiter vorn im Buch vorgestellte Zählung an: Sie atmen ein und aus und zählen »eins«. Wieder atmen Sie ein und aus und zählen »zwei«. Einatmen, ausatmen, »drei«. Setzen Sie das fort bis zehn. Danach zählen Sie nach dem gleichen Muster von zehn bis eins rückwärts. Wiederholen Sie den ganzen Zyklus, aber diesmal zählen Sie nur von eins bis neun und wieder zurück, dann im nächsten Zyklus von eins bis acht und wieder zurück. Setzen Sie das fort, bis Körper und Geist Ruhe finden. Wenn Sie Unruhe und Sorgen fernhalten möchten, sollten Sie Zutrauen zum Buddha und seiner Lehre fassen, zu diesem Weg, auf dem schon so viele Menschen die Hindernisse überwunden und schließlich Befreiung vom Leiden gefunden haben.

Zweifel. Zweifel sind normal und natürlich. Intelligenter Zweifel, mit dem wir uns an unserer Erfahrung orientieren und nach bestem Wissen einschätzen, ob wir auf dem richtigen Weg sind, bietet uns sogar Orientierung und Hilfe auf dem spirituellen Weg. Aber wenn uns die Zweifel beherrschen und von der Achtsamkeitspraxis abhalten, werden sie zum Hindernis. Es kommt beispielsweise vor, dass wir uns zur Meditation hinsetzen, aber sofort Zweifel bekommen, ob das überhaupt sinnvoll ist. Bringt die Methode, nach der wir meditieren, überhaupt etwas, ist sie für uns geeignet? Haben wir die Anleitung unseres Lehrers richtig verstanden? Sind wir überhaupt der Typ, für den Meditation das Richtige ist? Wenn die Zweifel erst einmal in Gang gekommen sind, blähen sie sich gern immer weiter auf. Gibt es überhaupt so etwas wie Erleuchtung? Ist Meditation nicht grundsätzlich sinnlos?

Wie immer: erst einmal vermerken, dass ein Zweifel vorhanden ist. Danach beobachten Sie ihn einfach, bis er wieder vergeht. Tut er das nicht, sind stärkere Maßnahmen angezeigt. Vergegenwärtigen Sie sich achtsam die Eigenschaften des Buddha und seiner Dhamma-Lehren. Denken Sie an Menschen, die sich nach diesen Lehren geschult haben und inspirierende Vorbilder geworden sind. Denken Sie an frühere Erfolge, zum Beispiel an friedliche, gesammelte Meditationen oder an Meditationen, in denen Sie mit Schläfrigkeit oder Unruhe fertigwurden, an irgendetwas, das aufgrund Ihrer Praxis besser geworden ist. Sprechen Sie ruhig auch mit Ihrem Zweifel, freundlich, aber bestimmt. Sagen Sie sich beispielsweise: »Das Leben ist kurz. Ich kann nicht zulassen, dass Zweifel mich auf dem Weg zu meinen spirituellen Zielen aufhalten.«

Verschwindet der Zweifel, nehmen Sie Notiz davon. Bleiben Sie achtsam, damit er nicht zurückkommt.

Ein grosser Sieg

Wenn wir die Hindernisse überwinden, und sei es auch nur vorübergehend, ist das ein großer Sieg. Wir haben den Boden bereitet, und jetzt kann Gutes und Nützliches wachsen – Zutrauen, Einsatzbereitschaft, Achtsamkeit, Konzentration und Weisheit. In einem Sutta schildert der Buddha, wie gut das tut:

> Nehmen wir an, ein sehr begüterter Mann sei auf einer Straße durch eine Wüstenei unterwegs, in der es kaum etwas zu essen gibt, aber viele Gefahren lauern. Endlich hat er die Wüste hinter sich und erreicht ein Dorf, in dem er sicher ist und keine Gefahren zu fürchten hat. Indem er sich alles noch einmal vor Augen führt, kommt große Freude in ihm auf.
> So auch ein Bhikkhu, wenn er erkennt, dass er die fünf Hindernisse in sich überwunden hat. Er betrachtet das als Schuldenfreiheit, als Gesundheit, als Entlassung aus dem Gefängnis, als Ende seiner Sklaverei, als einen Ort der Geborgenheit. Er ist sehr froh. Die Freude steigert sich zur Verzückung, und in dieser Verzückung des Geistes wird der Körper sehr still. Die Stille des Körpers lässt ihn Glückseligkeit erleben, und in dieser Glückseligkeit findet sein Geist zu tiefer Konzentration.

11. Das Anhaften und die Fesseln

Einst weilten der Ehrwürdige Sariputta und der Ehrwürdige Mahakotthita im Hirschpark bei Varanasi. Am Spätnachmittag begab sich Mahakotthita aus seiner Abgeschiedenheit zu Sariputta. Nachdem sie einander begrüßt hatten, fragte Mahakotthita: »Nun sag mir, mein Freund Sariputta, ist das Auge die Fessel der sichtbaren Dinge, oder sind die sichtbaren Dinge die Fessel des Auges? Und weiterhin, wie ist es beim Ohr und den Lauten, bei der Nase und den Gerüchen, bei der Zunge und den Geschmäckern, beim Körper und den berührbaren Dingen, beim Geist und den Gegenständen des Geistes?«

Sariputta erwiderte: »Das Auge, Freund Kotthita, ist nicht die Fessel der sichtbaren Dinge, und die sichtbaren Dinge sind nicht die Fessel des Auges. Das Begehren aber, das Verlangen, das sich in Abhängigkeit von diesem wie von jenem regt, das ist die Fessel.«

Sariputta verdeutlichte das anhand eines Beispiels. »Nimm an, mein Freund, ein schwarzer Ochse und ein weißer seien unter ein und demselben Joch zusammengeschirrt. Wird man dann sagen: ›Der schwarze Ochse ist die Fessel des weißen, und der weiße Ochse ist die Fessel des schwarzen?‹«

Und er fuhr fort: »Nein, mein Freund, der schwarze Ochse ist nicht die Fessel des weißen, und der weiße Ochse ist nicht die Fessel des schwarzen. Das Geschirr aber, das sie unter ein und demselben Joch verbindet, das ist die Fessel.

So auch, mein Freund: Das Auge ist nicht die Fessel der sichtbaren Dinge [...], und die Gegenstände des Geistes sind nicht die Fessel des Geistes. Das Verlangen und Begehren aber, das in Abhängigkeit von beiden entsteht, das ist die Fessel [...].

So betrachtet, mein Freund«, schloss Sariputta, »lässt sich ver-

stehen, weshalb der Erhabene dies heilige Leben zur vollkommenen Beendigung aller Leiden lehrte.«
»Wie das?«, wollte Mahakotthita wissen.
Und Sariputta erklärte: »Nun, so: Der Erhabene besitzt Augen. Der Erhabene sieht mit den Augen. Aber er verspürt kein Verlangen, kein Begehren. Ebenso ist es für Ohren, Nase, Zunge, Körper und Geist. Da der Geist des Erhabenen gänzlich befreit ist, sind alle Leiden vollkommen beendet.«

DIE HINDERNISSE, sagten wir, sind wie Unkraut im Garten. Um das anbauen zu können, was wir möchten, muss das Hinderliche erst einmal beseitigt werden. Die Wurzeln der Hindernisse sind das, was wir als »die Fesseln« bezeichnen. Wer einen Garten hat, der weiß, dass das Wurzelsystem des Unkrauts wesentlich umfangreicher sein kann, als der oberirdische Teil vermuten lässt. Diese Wurzeln, Grundtendenzen des Geistes, haben sehr direkt mit unseren Sinnen und dem Kontakt mit ihren jeweiligen Objekten zu tun.

Wir unterscheiden äußere und innere Kontakte. Ein äußerer Kontakt wäre beispielsweise der Streit mit einer Freundin. In dessen Verlauf denken wir: »Ich bin ärgerlich, weil du dies oder das zu mir gesagt beziehungsweise dies oder das mit etwas gemacht hast, was mir gehört.« Was da im Untergrund vor sich geht, ist also nichts weiter als »ich-ich-ich«. Dies ist eine grundlegende Neigung, die wir haben und die unseren Geist über viele Leben in einem Zustand der Verwirrung gehalten hat. »Ich-ich-ich« kann auch durch inneren Kontakt mit geistigen Objekten aktiviert werden – die Erinnerung beispielsweise, dass diese Freundin einmal nicht nett zu uns war, oder einfach die Vorstellung von etwas, das sie womöglich in der Zukunft tun wird.

Dieses »Ich-ich-ich« scheint manchmal in den fünf Anhäufungen Körper, Gefühl, Wahrnehmung, Denken und Bewusstsein zu existieren, und ein andermal ist es so, als seien die Anhäufungen im »Ich-ich-ich« enthalten. Es kommt auch vor, dass wir meinen, die beiden Seiten seien identisch. Wir glauben an die Existenz eines dauerhaften Ichs, und das ist die Fessel, mit der wir an den Kreislauf von Geburt und Tod gebunden sind. Es ist eine Fessel, die große Leiden mit sich bringt. Wir müssen sie – und neun weitere Fesseln – mit jener besonderen Form der Einsicht durchtrennen, die im Dhamma »Weisheit« genannt wird. Erst dann wissen wir zweifelsfrei, dass die fünf Anhäufungen vergänglich, unbefriedigend und ohne ein Ich sind. Wie Sariputta im Sutta zu Mahakotthita sagt: Erst wenn der Geist durch Weisheit gänzlich befreit ist, sind alle Leiden vollkommen beendet.

Die fünf Anhäufungen

Im Normalzustand des Bewusstseins kennen wir ausschließlich die fünf Anhäufungen. Wir essen, wir duschen, wir sprechen mit jemandem, wir hören zu, wir lesen ein Buch, und bei allem werden die fünf Anhäufungen aktiviert. Wenn wir uns an etwas erinnern oder uns etwas Zukünftiges vorstellen, sind die fünf Anhäufungen in unserem Denken lebendig. Auch in der Gegenwart besteht alles aus den fünf Anhäufungen, ob wir sitzen, stehen, gehen, reden, essen, trinken oder schlafen.

Haben die Anhäufungen eine Reihenfolge? Steht eine am Anfang? Das ist schwer zu bestimmen, weil sie so sehr ineinander verflochten sind. Denken Sie an ein Glas Orangensaft, das Sie trinken. Der Saft besteht aus Wasser mit Fruchtsäure, Orangenöl, Vitamin C, Fruchtzucker, Aromen, Farbstoffen und so weiter. Was davon trinken Sie zuerst? Nun, Sie trinken natürlich alles gleichzeitig.

Wenn wir jedoch uns selbst und unser Tun genau beobachten, stellt sich heraus, dass zuerst die Absicht, etwas zu tun, vorhanden ist. Die Absicht gehört zur Anhäufung des Denkens, aber keine Anhäufung ist in ihrer Aktivität isoliert. Wenn wir etwa die Hand nach einem Glas ausstrecken, sind alle fünf Anhäufungen aktiv: Gehirnzellen, Muskeln und Sehnen, Empfindungen, Wahrnehmungen, mentale Energie, Objektkontakt und Bewusstsein. Ziehen wir die Hand wieder zurück, ohne das Glas zu ergreifen, kommen auch die mit der Absicht zu trinken verbundenen Anhäufungen zum Stillstand.

Das Wort »Anhäufung« besagt bereits, dass die *Khandhas,* wie der im Buddhismus gebrauchte Pali-Ausdruck lautet, aus vielen Einzelteilen bestehen. Form besteht immer aus unzähligen Teilen, Atomen und subatomaren Teilchen. Gefühle setzen sich immer aus den genannten hundertacht Arten von Gefühlen zusammen, und sie entstehen aufgrund von Kontakten der Augen und Ohren, der Nase, der Zunge, des Körpers und des Geistes mit ihren jeweiligen Objekten. Ein Gefühl ist angenehm, unangenehm oder neutral. Es kann durch Erinnerung an früheren Kontakt, die gegenwärtige Kontakt-Erfahrung oder Vorstellungen von künftigem Kontakt bedingt sein. Dabei kann es körperlicher oder seelischer Art sein. Es kann von grober oder feiner Natur sein. In gleicher Weise gehen auch die übrigen Anhäufungen Wahrnehmung, Denken und Bewusstsein aus Kontakten der jeweiligen Art hervor und sind vielfach und bis ins Feinste unterteilt.

Weshalb ist das nun wichtig? Normalerweise denken wir nicht daran, dass die Anhäufungen aus Teilen bestehen, die sich ständig ändern. Zudem halten wir die Anhäufungen meist irrtümlich für unser Ich. Wir sehen den Körper als »meinen« Körper und klammern uns deshalb an ihn. Bei den Gefühlen, Wahrnehmungen, Gedanken und beim Bewusstsein ist es ebenso. In diesem Zusammenhang sprechen wir von den »Anhäufungen des Anhaftens«. Wenn sich die Anhäufungen ändern, was sie unweigerlich tun, sind damit Leiden verbunden. Dann sprechen wir von den »Anhäufungen des Leidens«.

Von Natur aus besitzen die Anhäufungen diese Eigenschaften nicht. Zu Anhäufungen des Anhaftens werden sie erst dann, wenn *ich* sie mit *meinen* Sinnen wahrnehme und so zu *meinen* Objekten mache. Unsere geistige Verfassung gibt also den Ausschlag. Solange wir an nichts anhaften, sagt der Buddha ein ums andere Mal, leiden wir auch nicht. Dann sind die fünf Anhäufungen einfach nur sie selbst: Sie entstehen, sie sind vorhanden, sie vergehen. Man könnte sagen, dass alle Lehren des Buddha im Grunde nur die fünf Anhäufungen erklären und uns zeigen, wie wir von ihnen frei sein können.

Die Fesseln

Ursprung unserer Verwirrung sind die Fesseln, tief im unerleuchteten Geist verwurzelte Gewohnheiten. Aktiv werden die Fesseln durch Kontakte der sechs Sinne mit ihren Objekten – der Augen mit sichtbaren Dingen, der Ohren mit Lauten, der Nase mit Gerüchen, der Zunge mit Geschmäckern, des Körpers mit berührbaren Dingen und des Geistes mit geistigen Objekten. Bei der Auseinandersetzung mit den Fesseln müssen wir uns das Beispiel des schwarzen und des weißen Ochsen bewusst halten. Die Fessel besteht weder im Auge noch in den Dingen, die das Auge sieht, sondern im Kontakt beider mit dem Bewusstsein.

Wenn es zu einem Kontakt der Sinne mit einem äußeren Objekt (eine Frau auf der Straße, eine Tasse Tee, eine gelbe Blume) oder einem inneren Objekt (eine Erinnerung, ein Gedanke, eine Idee, ein Fantasieprodukt) kommt, entstehen angenehme, unangenehme oder neutrale Gefühle und dazu Gedanken wie Namen, Erinnerungen, Vorstellungen. Dann drängen sich Verlangen und Unwissenheit in den Vordergrund des Bewusstseins; bei diesen handelt es sich ebenfalls um Fesseln, um starke Gewohnheitskräfte, die immer im Untergrund aktiv sind. Ein Sutta stellt den Zusammenhang so dar:

Bedingt durch Auge und Formen entsteht das Auge-Bewusstsein. Das Zusammenkommen der drei bedeutet Kontakt. Ist Kontakt als Bedingung gegeben, kommt es zum Fühlen. Was man fühlt, nimmt man auch wahr. Was man wahrnimmt, damit beschäftigt man sich gedanklich. Womit man sich gedanklich beschäftigt, das wuchert im Geist und wird zum Ursprung von Wahrnehmungen und Vorstellungen von früheren, künftigen und gegenwärtigen vom Auge erkennbaren Formen.

In dieser Abfolge klingt der gesamte Bedingungszusammenhang der Leiden im menschlichen Dasein an. Bedingt durch das Fühlen entsteht ein Begehren: an angenehmen Gefühlen festzuhalten oder sich von unangenehmen Gefühlen zu befreien. Bedingt durch das Begehren kommt es zum Anhaften. Durch das Anhaften bedingt, kommt es zum Werden. Aufgrund des Werdens kommt es zur Geburt, und auf die Geburt folgen Wachstum, Verfall, Tod, Kummer, Jammer, Schmerz, Gram und Verzweiflung.

Zum Glück sind die Fesseln nicht ständig aktiv. Es gibt im täglichen Leben durchaus Augenblicke, die keine Fesseln auslösen. Wenn die Fesseln nicht aktiv sind, freuen wir uns einfach darüber. Wird eine Fessel aktiv, betrachten wir sie achtsam und treffen geeignete Gegenmaßnahmen. Haben wir die Fessel auf diese Art bezwungen, bleiben wir achtsam, um auch für die Zukunft so weit wie möglich geschützt zu sein.

Betrachten wir die zehn Fesseln nacheinander. Einige dieser schädlichen geistigen Neigungen werden auch unter den Hindernissen genannt, aber es gibt subtile Unterschiede, die ich im Laufe der nachfolgenden Erläuterungen ansprechen werde. Allgemein lässt sich sagen, dass Fesseln tiefer im Geist verwurzelt und weniger leicht zu erkennen sind als Hindernisse. Sie loszuwerden verlangt mehr Einsatz, tiefere Achtsamkeit und stärkere Konzentration.

Glaube an ein dauerhaftes Ich. Das ist die Fessel, der wir weiter oben den Namen »Ich-ich-ich« gegeben haben. Sie tritt als der Glaube auf, dass wir ein dauerhaftes Ich oder eine Seele besitzen, die aus einem früheren Leben in dieses hineingeboren wurde und auch in das nächste Leben hinein fortbestehen wird. Damit verbindet sich der Glaube, dass dieser Mensch, der gestern dies und letztes Jahr jenes gesagt und in der ersten Klasse was auch immer getan hat, genau der ist, der jetzt gerade das vorliegende Buch liest. Achtsamkeit lockert diese Fessel. Wenn wir einmal bewusst wahrgenommen haben, wie oft wir uns sogar innerhalb weniger Minuten ändern – Atmung, Körper, Haltung, Gefühle, Gedanken, Wahrnehmungen –, dämmert uns, dass es so etwas wie ein dauerhaftes Ich wohl doch nicht gibt, nur ein Zusammenspiel von Anhäufungen, die sich alle ständig ändern.

Zweifel. Als Hindernis stört der Zweifel unsere Achtsamkeitspraxis. Wir zweifeln, ob wir es richtig machen und ob die Praxis zu einem guten Ergebnis führen wird. Zweifel als Fessel hat dagegen mit dem Ich zu tun. Wir zweifeln, ob der Buddha wohl recht hat, dass es so etwas wie ein Ich oder eine Seele nicht gibt. Wir zweifeln am Kamma-Prinzip. Wir fragen uns, woher das Ich gekommen ist, was es mit seiner gegenwärtigen Existenzweise auf sich hat und was künftig aus ihm werden wird. Gesunder Zweifel ist ganz in Ordnung, schließlich verweist er uns in solchen wichtigen Fragen auf unsere Intelligenz und Erfahrung. Zweifel kann aber auch verwirrend und lähmend werden. Dann schadet er uns, und wir müssen zusehen, wie wir ihn loswerden.

Das Anhaften an Ritualen. In der Zeit des Buddha gab es Asketen, die auf einem Bein standen, bis sie umfielen. Andere waren vollkommen nackt oder wälzten sich im Staub. Das taten sie, weil sie glaubten, grausige Rituale dieser Art könnten sie zur Befreiung führen. Das Festhalten an solch einem Glauben ist eine Fessel. Wenn unsere Praxis hauptsächlich oder ganz daraus besteht, einer

Darstellung des Buddha Blumen und Räucherwerk darzubringen, was wird dann aus der vom Buddha gelehrten Achtsamkeitsmeditation? Wenn alle so handeln, wird am Ende nur leerer Ritualismus übrig sein.

Sinnliches Verlangen. Das Hindernis des Verlangens nach sinnlicher Lust lässt sich durch tiefe Konzentrationsmeditation vorübergehend ausschalten. Nach der Meditation stellt es sich jedoch wieder ein. Warum? Weil das sinnliche Verlangen nicht nur ein Hindernis, sondern auch eine Fessel ist, die latent immer bestehen bleibt. Diese Fessel bindet uns an die leidvollen Zyklen von Geburt und Tod. Alles Angenehme und Lustvolle würden wir gern dauerhaft beibehalten. Das kann so weit gehen, dass wir uns nach Wiedergeburt sehnen, um erneut in diesen Genuss zu kommen.

Hass. Wenn sinnliche Befriedigung ausbleibt oder jemand unsere Wünsche durchkreuzt, kommt Hass auf. Klug ist, wer sich klarmacht, dass Verlangen und Hass die beiden Seiten ein und derselben Medaille sind. Hass und Übelwollen können ebenso wie sinnliches Verlangen als Hindernis während der Meditation auftreten. Betrachten wir den Hass achtsam und mit geeigneten Gedanken, vergeht er zeitweilig. Aber seine Wurzel bleibt im Geist zurück und macht ihn zu einer Fessel, die uns immer wieder zu schaffen macht.

Verlangen nach feinstofflicher Existenz. Zu diesem Verlangen kommt es vor allem in Zuständen tiefer Konzentration während der Meditation. Wir erleben tiefen Frieden und würden am liebsten über den Tod hinaus in diesem Zustand bleiben. Irrtümlich glauben wir, die Wiedergeburt in einer Sphäre, in der es weder Gefühl noch Wahrnehmung, noch Denken, noch Bewusstsein gibt, stelle unsere permanente Glückseligkeit sicher. Aber auch die Geburt im Reich der feinstofflichen Existenz bewahrt niemanden vor dem Leid des Todes.

Verlangen nach immaterieller Existenz. Noch etwas weiter gedacht, knüpft sich die Glückshoffnung an einen Daseinsbereich, in dem es nur Geist und keinerlei Stofflichkeit gibt. Doch auch immaterielle Existenz endet irgendwann, sei es nach sehr langer Zeit.

Selbstgefälligkeit. »Das bin ich« ist das subtile Grundgefühl, das sich mit dieser Fessel verbindet. Wir sind stolz auf unsere Leistungen und Errungenschaften, stolz auf unsere Gesundheit und Schönheit, auf Langlebigkeit, Reichtum, Familie, Freunde, auf unser Land, auf Schönheit, Ansehen, Kraft und Können. Manche sind sogar stolz auf ihre spirituellen Errungenschaften. Solange wir noch stolz sind, sei es auch ganz subtil, können wir nicht vollkommene Erleuchtung finden.

Unruhe. Das Hindernis Unruhe erwächst daraus, dass wir irgendetwas noch nicht abgeschlossen haben oder vor uns herschieben. Tiefe Konzentration bewirkt, dass wir diese Unruhe vorübergehend nicht spüren. Als Fessel macht sich die Unruhe im Hintergrund bemerkbar, wenn wir der Erleuchtung nahe kommen. Alles andere sagt uns nichts mehr, wir möchten das zyklische Dasein am liebsten ganz hinter uns lassen. Wir sind rastlos, weil wir endlich Erleuchtung finden möchten.

Unwissenheit. Die Fessel der Unwissenheit besteht darin, dass wir die Lehren des Buddha nicht kennen, insbesondere die vier edlen Wahrheiten: die Wahrheit vom Leiden, die Wahrheit von den Ursachen des Leidens, die Wahrheit von der Beendigung des Leidens und die Wahrheit vom Weg zur Beendigung des Leidens.

Die zehn Wahrnehmungen

Die von den Fesseln verursachte Verwirrung aufzuarbeiten bedeutet eine Menge Arbeit. Der Buddha spricht in den Suttas vom »Ausreißen aller Vorstellungen mit Stumpf und Stiel«. Durch Achtsamkeitsmeditation erziehen wir uns dazu, alle Sinneswahrnehmungen und die von ihnen abgeleiteten Gefühle und Gedanken aus einer gewissen Distanz heraus zu betrachten. Wir lösen uns jedoch in kleinen Schritten von unserer gewohnten Wahrnehmung. Rechnen wir nicht damit, dass es auf einen Schlag gelingt. Hier spielt der Gesichtspunkt der Wandelbarkeit und Vergänglichkeit die entscheidende Rolle. Wir achten genau auf unsere Erfahrung und geben dem Gedanken Raum, dass sich alles ständig ändert: die sechs Sinne, ihre Gegenstände und der Kontakt mit ihnen, die daraus resultierenden Gefühle und Gedanken sowie das Bewusstsein. Achtsamkeit erlaubt uns, zehn besondere Wahrnehmungen an die Stelle unserer gewohnten irrigen Betrachtung der Welt zu setzen.

Die zehn Wahrnehmungen in achtsamer Betrachtung

1. *Die Wahrnehmung der Vergänglichkeit.* Auf die Wandelbarkeit oder Vergänglichkeit werden Sie aufmerksam, indem Sie Ihre Erfahrung betrachten. Sie können sich zum Beispiel fragen:»Wie lange lese ich jetzt schon in diesem Buch? Was für Veränderungen verzeichne ich in dieser Zeit? Sind meine Augen müde? Fühlt sich mein Körper unbehaglich? Habe ich meine Haltung verändert? Habe ich Hunger oder Durst? Ist meine Konzentration noch so wie zu Beginn? Haben die Gedanken dieses Buches etwas in mir verändert?« All dies sind Wahrnehmungen der Vergänglichkeit. Das lernen Sie nicht aus Büchern oder von Lehrern, nicht einmal vom Buddha.

Sie verfolgen einfach die Veränderungen in Ihrem Körper und Geist.
2. *Die Wahrnehmung der Ichlosigkeit.* Wenn Sie die Veränderlichkeit Ihrer Anhäufungen wahrnehmen, gewinnen Sie die Überzeugung, dass nichts an Ihnen dauerhaft ist. Und das ist tatsächlich echte Erfahrung und nicht einfach ein Fantasiegebilde. Es fällt Ihnen dadurch leichter, sich so zu nehmen, wie Sie wirklich sind: veränderlich, immer der Wirkung von wechselnden Ursachen und Bedingungen unterworfen. Sie sagen sich: »Was ich heute Morgen gefühlt habe, ist jetzt nicht mehr da. Was ich jetzt empfinde, wird morgen nicht mehr da sein. Nichts im Leben verleiht mir eine permanente Ich-Identität.« Diese Wahrnehmung wirkt seelisch stabilisierend.
3. *Die Wahrnehmung von Unreinheiten.* Wenn Sie an die Meditation über die Bestandteile des Körpers denken, werden Sie sich erinnern, dass manche dieser Bestandteile eher abstoßend sind, Galle, Schleim und Eiter beispielsweise. Bei der Meditation über diese Bestandteile geht es nicht darum, Abscheu vor Ihrem Körper oder dem eines anderen zu erregen. Sie möchten den Körper einfach nur wahrnehmen, wie er ist. Ihr Ziel ist das klare Begreifen aus der ausgewogenen Perspektive des Gleichmuts heraus. Deshalb meditieren Sie über den Körper, bis Sie seine Bestandteile ganz klar wahrnehmen. Und in dieser Klarheit wenden Sie sich dann Ihren Gefühlen, Wahrnehmungen, Gedanken und dem Bewusstsein zu.
4. *Wahrnehmung von Gefahren.* Sie erfahren wie alle Menschen Lust, und Lust kann mit Gefahren verbunden sein. Scheidung, Streit, Habgier, Eifersucht, Angst, Befürchtungen, Sorgen, Nervenversagen – alles kann passieren, wenn man an Lusterfahrungen anhaftet. Die Gefahren sind keineswegs gebannt, wenn man sich jegliche Lusterfahrung versagt, aber es ist sicherlich segensreich, die Sinne ein wenig im Zaum zu halten. Die Wahrnehmung von Gefahren soll natürlich nicht darauf hinauslau-

fen, dass Sie sich morgens kaum noch aus dem Bett wagen. Sie bedeutet einfach, dass Sie achtsam sind. Wenn dann etwas passiert, geht die Welt deswegen nicht unter. Sie kümmern sich weiterhin klar und bewusst um die Dinge des Tages.
5. *Wahrnehmung der Entsagung.* Entsagung oder Verzicht bedeutet, dass Sie alles Ungesunde und Ungeschickte unterlassen. Sie denken: »Ich lasse nicht zu, dass ich von sinnlichen Begierden beherrscht werde. Das Gefühl von Hass ist mir unerträglich. Ich verzichte auf alles, was mir und anderen schadet.« Verzicht verlangt viel Einsatz, es genügt ja nicht, dass wir einfach nur wahrnehmen, was vor sich geht. Sie müssen sich jedes falsche Gefühl und jeden falschen Gedanken vornehmen und im Keim ersticken, damit sie gar nicht erst ausreifen und Folgen heraufbeschwören können.
6. *Die Wahrnehmung der Leidenschaftslosigkeit.* Das Anhaften am Vergänglichen verursacht Leid. Leidenschaftslosigkeit ist das Gegenteil dieses Anhaftens. In dem Wissen, dass jegliches aufgrund von Ursachen und Bedingungen Entstandene vergänglich, unbefriedigend und ichlos ist, werden Sie gegenüber allen Dingen leidenschaftslos. Sie geben auch sämtliche Vorstellungen auf. Leidenschaftslosigkeit zeigt sich als ein gelassener Glückszustand. In der Leidenschaftslosigkeit sehen Sie die Realität klar, und in diesem klaren Sehen werden Sie frei von Leiden.
7. *Die Wahrnehmung des Aufhörens.* Wenn Hindernisse wie Begehren, Hass und Unwissenheit durch tiefe meditative Konzentration überwunden werden und in diesem Sinne aufhören oder enden, sind Sie vorübergehend frei von Leiden. Dann denken Sie bei der Meditation: »Es ist so ruhig, großartig. Ich habe sogar den Wunsch nach irgendeiner bestimmten Wiedergeburt abgelegt. Alle Vorstellungen sind wie ausgelöscht.« Der bloße Gedanke, keinerlei Vorstellungen mehr zu haben, bringt einen Frieden und ein Glück mit sich, die schon etwas vom Frieden und Glück des Nibbana in sich tragen. Sie nehmen

dieses Aufhören oder Enden in größter Ruhe und Gelassenheit wahr.
8. *Die Wahrnehmung des Nicht-Genusses an der Welt.* Normalerweise tut man alles Erdenkliche, um die Welt zu genießen. Nicht-Genuss an der Welt – das klingt schrecklich und auch ein bisschen verrückt. Aber durch tiefe Meditation erkennen wir irgendwann die Unreinheit der Anhäufungen, die Gefahr der sinnlichen Freuden und die gelassene Ruhe der Leidenschaftslosigkeit. Die Hindernisse liegen hinter uns, wir fühlen uns ermutigt, zuversichtlich und bereit. Wir erkennen: »Alles, was entsteht, muss auch enden.« Wir lassen die Zweifel hinter uns, nichts ist mehr unklar, und so wachsen wir in die Wahrnehmung des Nicht-Genusses an der Welt hinein.
9. *Die Wahrnehmung der Unbeständigkeit aller Gedanken und Vorstellungen.* Sämtliche Gedanken und Vorstellungen sind vergänglich, unbefriedigend und ichlos, und wer das einmal erkannt hat, möchte sich nicht mehr mit ihnen abgeben. Sie sind sich bewusst, dass jegliche Art von Wiedergeburt Leiden mit sich bringt. Sie haben genug davon. Sie haben nur noch vollkommene Befreiung im Sinn.
10. *Die Wahrnehmung des Einatmens und Ausatmens.* Beim achtsamen Atmen verfolgen Sie das Einsetzen, Anhalten und Vergehen jedes Atemzugs in seiner Körperlichkeit ganz direkt. Genauso nehmen Sie beim Einatmen und Ausatmen das Entstehen, Bestehen und Vergehen von Gefühlen, Wahrnehmungen, Gedanken und Bewusstsein wahr. Ist der Geist vollkommen mit dieser »teilnehmenden Beobachtung« beschäftigt, bleibt kein Raum für sein Anhaften an den Anhäufungen.

Die achtsame Wahrnehmung macht uns irgendwann deutlich, dass das Auge, die Frau auf der Straße, das aus dem Kontakt entstehende Seh-Bewusstsein, das Gefühl des Begehrens oder Widerwillens, die Pläne, Fantasien und alle sonstigen geistigen Regungen aus einem Zusammentreffen von Ursachen und Bedingungen entstehen. Sie existieren einen Moment lang und vergehen dann. Wenn wir die Dinge sehen, wie sie wirklich sind, nimmt das Verlangen ab, und wir finden Frieden. Im Sutta liest es sich so:

> Nicht lustentbrannt, nicht den Fesseln unterliegend, nicht vernarrt und immer der Gefahr eingedenk – wer so lebt, für den werden die fünf Anhäufungen des Anhaftens in der Zukunft an Einfluss verlieren. Das Begehren wird abgelegt. Körperliche und geistige Plagen werden abgelegt. Körperliche und geistige Qualen werden abgelegt. Fieber des Körpers und Fieber des Geistes hören auf, und an ihrer Stelle werden Wonne des Körpers und des Geistes erlebt.

12. Die sieben Faktoren der Erleuchtung

Einst, als der Buddha in Rajagaha weilte, wurde der Ehrwürdige Mahakassapa in der Höhle, in der er lebte, sehr krank. Am Abend verließ der Buddha seine Abgeschiedenheit und suchte den Ehrwürdigen Mahakassapa auf.

Der Buddha nahm Platz und erkundigte sich: »Wie steht es, Kassapa? Wie erträgst du deine Krankheit? Nehmen die Schmerzen ab?«

Mahakassapa erwiderte: »Meister, ich ertrage mein Kranksein nicht gut. Die Schmerzen sind groß und zeigen keine Neigung zu vergehen.«

Da sagte der Buddha: »Kassapa, ich lehre sieben Faktoren der Erleuchtung. Wenn man sie übt und sorgfältig aufbaut, führen sie einen zur Verwirklichung und zur vollkommenen Weisheit, kurz, zum Nibbana. Welche sieben sind es? Es sind Achtsamkeit, Erforschung der Gesetzmäßigkeiten, Anstrengung, Freude, Ruhe, Konzentration und Gleichmut.«

Als Kassapa diese Worte hörte, war er hocherfreut. »Erhabener«, jauchzte er, »das sind fürwahr Faktoren der Erleuchtung. Hochwillkommen sind mir die Worte des Gesegneten.«

Im Nu erhob sich Mahakassapa von seinem Krankenlager, und seine Beschwerden vergingen.

DIE SIEBEN FAKTOREN der Erleuchtung beschreiben die Eigenschaften, die wir erwerben müssen, um ans Ziel unserer Praxis zu gelangen. Wenn unsere Meditation tiefer wird und die Fesseln uns nicht mehr gar so sehr behindern, reifen diese sieben Qualitäten in uns heran. Mit der Achtsamkeit als Zugpferd stehen uns die sieben Faktoren gegen die Kräfte der Verblendung bei, die immer wieder unsere Konzentration stören und uns dadurch auf dem Weg zur Befreiung aufhalten. Das Sutta erzählt etliche Geschichten wie die vom kranken Mahakassapa, in denen das bloße Hören der sieben Faktoren wunderbare Wendungen bei Krankheiten und anderen Widrigkeiten bewirkt. Einst, als der Buddha selbst krank war, rezitierte der Ehrwürdige Mahacunda die sieben Faktoren, und die quälende Krankheit des Erhabenen verschwand.

Man kann sich die sieben Faktoren der Erleuchtung leicht einprägen, und viele tun das auch. Es genügt natürlich nicht, über die Faktoren informiert zu sein. Wir müssen vielmehr wirklich wissen, was es mit jedem einzelnen der Faktoren auf sich hat, wir müssen unsere Achtsamkeit einsetzen, um zu erkennen, wann sie gegeben sind, wie sie entstehen und wie wir sie entwickeln und bewahren können.

Der Pali-Ausdruck für die sieben Faktoren der Erleuchtung lautet *Bojjhanga*. Das Wort setzt sich zusammen aus *Bodhi* oder »Erleuchtung« und *Anga* oder »Glied«. Die sieben Faktoren sind die Gliedmaßen – die Arme und Beine – der Erleuchtung. Ohne sie können wir den Pfad zur Freiheit von allem Leiden nicht gehen. Sie treten immer in einer bestimmten Reihenfolge auf und markieren die Stadien unseres Fortschritts. Ein Stadium mündet ganz natürlich ins nächste, keine der Stufen lässt sich überspringen. Betrachten wir nun die einzelnen Faktoren nacheinander.

Achtsamkeit

Alles, was wir bisher erörtert haben, hat mit Achtsamkeit zu tun. Ohne Achtsamkeit gibt es keinen Fortschritt auf dem Weg zur Befreiung. »Achtsamkeit«, sagte der Buddha, »ist der wichtigste aller Dhammas.« Wenn unsere Achtsamkeit ein Faktor der Erleuchtung werden soll, muss sie stark, gesammelt und präzise ausgerichtet sein. Der Buddha drückte es so aus:

> Ihr Bhikkhus, wann auch immer ein Bhikkhu entschlossen, wach und achtsam bei der Betrachtung des Körpers als Körper bleibt und sich nicht von weltlicher Begehrlichkeit und weltlichem Kummer ablenken lässt, festigt er die nicht nachlassende Achtsamkeit in sich. Hat er die nicht nachlassende Achtsamkeit in sich gefestigt, wird seine Achtsamkeit zum Faktor der Erleuchtung, und da er sie weiterentwickelt, gelangt sie in ihm zur Erfüllung.

Wir entnehmen diesen Worten, dass unsere Achtsamkeit, wenn sie ein Faktor der Erleuchtung werden soll, eine klare Ausrichtung braucht, beispielsweise auf den Körper als Körper. Wir können uns auch auf die Gefühle, die Gedanken und den Dhamma ausrichten – die übrigen der vier Grundlagen der Achtsamkeit, um die es in diesem Buch geht.

Außerdem müssen wir entschlossen und wach sein: Wir meditieren begeistert und mit vollem Einsatz. Wir legen Begehrlichkeit und Kummer gegenüber der Welt ab – was einfach bedeutet, dass wir uns nicht durch Gedanken über Alltagsdinge von unserer Konzentration abbringen lassen. Eigentlich sollten wir Begehrlichkeiten und Kümmernisse immer beiseitelassen, nicht nur wenn wir auf dem Meditationskissen sitzen!

Und schließlich soll unsere Achtsamkeit nie nachlassen, das heißt, wir üben jederzeit Achtsamkeit, nicht nur während der Meditation. Es gibt ja auch nichts, wobei wir nicht achtsam sein könnten, ob wir mit jemandem sprechen oder essen oder auf den Bus warten. Achtsamkeit macht alles Alltägliche nützlich und gut. Solange wir uns nur gelegentlich oder nur bei der Meditation an die Achtsamkeit erinnern, dürfen wir damit rechnen, dass es lange dauern wird, bis unsere Achtsamkeit so stark wird, dass wir uns mit ihr von den Fesseln befreien können. Achtsamkeit wird nur dann zum Erleuchtungsfaktor, wenn wir uns Augenblick für Augenblick um ein Höchstmaß an Achtsamkeit bemühen.

Achtsamkeit braucht auch, wie wir bereits ausgeführt haben, eine bestimmte innere Haltung. Wir müssen stets im Blick behalten, wie sich alles, was wir erleben, ständig ändert. Dabei machen wir uns klar, dass es nichts gibt, was uns auf Dauer glücklich machen könnte. Und das Allerwichtigste: Wir halten uns bewusst, dass es kein permanentes Ich gibt, keine Seele, die das alles erlebt.

Wenn uns Achtsamkeit zur Grundhaltung geworden ist, stellen wir fest, dass wir eigentlich schon die ganze Zeit über die sieben Faktoren der Erleuchtung üben. Bei der achtsamen Meditation über den Körper als Körper beispielsweise setzen wir den forschenden Geist, die Anstrengung, die Freude, die Stille, die Konzentration und den Gleichmut ein – eben die Faktoren der Erleuchtung. Genauso ist es bei der achtsamen Meditation über Gefühle, Gedanken und Phänomene. Wir müssen unsere Achtsamkeit jetzt nur noch immer weiter stabilisieren, sodass sie der eigentliche Gegenstand unserer Meditation wird. Das macht die Achtsamkeit zu einem Faktor der Erleuchtung, der uns rasch auf dem Weg zur Freiheit vorankommen lässt.

Der Geist des Forschens

Kluge Menschen sind wissbegierig. Mit unserer bestens eingeübten Achtsamkeit erforschen wir die Dhammas oder Phänomene in unserem Körper und Geist. Wenn der Faktor Achtsamkeit stark und klar ist, geschieht diese Wendung nach innen fast von selbst. Der forschende Blick richtet sich auf die fünf Anhäufungen. Fragend und forschend widmet sich unsere Achtsamkeit allem, was an uns Form, Gefühl, Wahrnehmung, Gedanke oder Bewusstsein ist. Wir betrachten alles, was sich in Abhängigkeit von den Sinnen und ihren Bereichen einstellt: Atem, Haltungen, klares Begreifen,

Bestandteile des Körpers, vier Elemente, hundertacht Arten von Gefühlen, fünf Hindernisse, sechs Sinne, zehn Fesseln. Wir nehmen ihre Unbeständigkeit wahr. Wir untersuchen alles sehr genau und mit kraftvoller Achtsamkeit.

Und wir gehen dabei heute noch so vor, wie die Menschen in der Zeit des Buddha es taten: Wir lauschen dem Dhamma, wir prägen uns das Gehörte ein, wir gehen der Bedeutung des so gehörten Dhamma auf den Grund. Bleibt irgendetwas unklar, oder stellen sich Zweifel ein, so stellen wir Fragen, wir denken nach, wir erörtern die Angelegenheit im Gespräch. Wir richten unsere Achtsamkeit auf alle Dinge des Lebens, ob wir nun auf dem Meditationskissen sitzen oder mit Alltagsdingen beschäftigt sind.

Wenn sich beispielsweise ein Gedanke regt, sehen wir uns an, ob er im spirituellen Sinne nützlich ist oder nicht. Wir fragen uns: »Verringert dieser Gedanke Gier und Hass bei mir, oder verstärkt er sie? Klärt er meine Verwirrung, oder macht er sie nur noch schlimmer? Macht er mich und andere friedfertiger?« Stellen wir fest, dass der Gedanke Gier, Hass und Verblendung vermehrt und nichts zum Frieden und Glück beiträgt, fragen wir weiter: »Wie kann ich ihn loswerden?« Bei einem förderlichen Gedanken fragen wir dagegen: »Wie kann ich ihn bewahren? Ist meine Achtsamkeit stark genug? Wenn nicht, was kann ich dann tun, um sie zu stärken?«

Nach dem gleichen Verfahren erkunden wir die übrigen Anhäufungen. Zu unseren Gefühlen beispielsweise fragen wir: »Hafte ich an angenehmen Gefühlen an und möchte mich unangenehmen entziehen? Wie oft habe ich mich schon durch den Wunsch nach angenehmen Dingen und den Widerwillen gegen unangenehme von meiner Achtsamkeit abbringen lassen?«

Außerdem untersuchen wir, wie gut wir Kernbegriffe des Dhamma wie Vergänglichkeit verstehen. Dann fragen wir etwa: »Habe ich das Gefühl, dass der Körper mein Körper ist? Was lässt mich so denken? Erkenne ich, dass sich die Bestandteile und Elemente des Körpers ständig ändern?« Vielleicht stellen wir fest, dass wir keine klare Vorstellung von Vergänglichkeit haben. Vielleicht liegt es ja an dieser Unklarheit, dass sich der Gedanke »Dies ist mein Körper« immer wieder neu einstellt. Möglicherweise kommen wir am Ende zu dem Entschluss, intensiver über die Unbeständigkeit des Körpers zu meditieren.

Auch unser Verhalten im Alltag wird einer kritischen Betrachtung unterzogen. Hier fragen wir etwa: »Wie oft bin ich schon ärgerlich geworden, wenn mich jemand auf einen Fehler hinweist? Und finde ich es nicht befriedigend, andere zu kritisieren? Habe ich nicht manchmal ganz gern getratscht oder Streit gesät?« Stellen wir fest, dass unser Verhalten gesund und in Ordnung ist, forschen wir weiter, wie wir dafür sorgen können, dass es so bleibt oder noch besser wird. Wo Verbesserungen nötig sind, überlegen wir uns, was zu tun ist.

Alles in allem haben wir also dafür zu sorgen, dass wir die vier Grundlagen der Achtsamkeit wirklich verstehen und unser Verständnis dann auf unsere Meditation und unseren Alltag anwenden. Diese Arbeit kann uns niemand abnehmen. Wir müssen unseren Körper, unseren Geist und unser Verhalten jederzeit selbst in der Hand haben. Niemand kann den Weg an unserer Statt gehen. Mit unserer Achtsamkeit und forschendem Fragen vergewissern wir uns, ob unser Tun uns von unseren spirituellen Zielen fernhält oder in ihre Richtung bewegt.

Wir tun das alles in dem Bestreben, uns aus eigener Anschauung ein Bild zu machen. Niemand fordert uns auf, den Dhamma zu untersuchen, und wir müssen zu diesen Forschungen keinen bestimmten Ort aufsuchen. Im Übrigen gibt es dabei nichts, was für die Augen sichtbar wäre. Es geht vielmehr darum, auf die Wahrheit dessen aufmerksam zu werden, was ohnehin schon unsere Erfahrung ausmacht. Diese Wahrheit trägt den Namen Dhamma. Der Dhamma sagt: »Wenn du von allem Beschwerlichen frei sein möchtest, dann sieh mich an.« In einem Sutta heißt es: »Der Dhamma ist direkt erkennbar, unmittelbar, er lädt einen jeden ein, mit eigenen Augen zu sehen und aus eigener Erfahrung zu erkennen.«

ENERGIE

Das Erforschen der fünf Anhäufungen weckt zunehmend unser Interesse, und dieses Interesse bringt Energien ins Spiel, mit denen wir unsere Anstrengungen verdoppeln können. Wir spüren etwas Begeisterndes, und in uns wächst der Entschluss, auf keinen Fall jemals aufzugeben. Dieser Zusammenhang macht den Erleuchtungsfaktor aus, den wir »Energie« oder Anstrengung oder Bemühen nennen.

Wenn wir achtsam und aufmerksam beobachten, scheint alles, was wir erleben, eine Flugbahn zu haben – wie ein Stein, den wir werfen. Der Aufwärtsbogen des Steins entspricht der Kraft, mit der wir ihn geworfen haben, und diese Kraft erschöpft sich nach und nach, bis der Stein nicht mehr weiter steigt. Anschließend bewegt er sich abwärts und fällt schließlich zu Boden. Wenn wir das einige Male bei unseren Gefühlen, Gedanken und Wahrnehmungen erlebt haben, interessiert uns zunehmend die Frage, ob es wohl immer so ist. Aus dem Interesse entsteht ganz natürlich der Wunsch, noch achtsamer zu sein. So baut sich der Erleuchtungsfaktor Energie nach und nach in uns auf.

Die beiden Erleuchtungsfaktoren Achtsamkeit und Energie geben uns zunehmend die Möglichkeit, gezielt dafür zu sorgen, dass wir uns nicht mehr so leicht auf Gier, Hass und Verblendung einlassen. Unser rechtes Bemühen lässt uns dabei immer besser erkennen, welche Gedanken und Gefühle wir willkommen heißen können und welche wir besser meiden. Zeigen sich schädliche Impulse, verschließen wir die Pforten unserer Sinne, um sie »auszuhungern«; danach setzen wir alles daran, sie durch nützliche Impulse wie Großzügigkeit, Herzensgüte und Weisheit zu ersetzen. Unsere Energien sind geweckt, und so erlauben wir uns jetzt keine Nachlässigkeit mehr. Keinen Augenblick vernachlässigen wir die Wachsamkeit. In einem Sutta heißt es: »Zu erkennen, dass dieser Körper zerbrechlich wie ein Tongefäß ist, und zugleich den Geist zu stärken, wie man eine Stadt mit Befestigungsanlagen schützt – das ist das Austreiben der Verblendung mit dem Schwert der Weisheit.«

Bis der Kampf endgültig gewonnen ist, sichern wir das Erreichte mit unserem energischen Einsatz. Aber die Energie, die wir hier einsetzen, ist nicht stürmisch, sondern ruhig und gesammelt. Rechte Achtsamkeit, rechtes Erforschen und Fragen und rechtes Bemühen wirken wie ein gut eingespieltes Team zusammen und läutern unseren Geist. Das Leben ist so kurz, aber es bietet uns doch die Chance, aus dem Zyklus der Leiden endgültig auszusteigen. Als der spätere Buddha noch ein Bodhisattva war, rief er voller Entschlossenheit: »Mag auch mein Blut eintrocknen, mein Fleisch verdorren und der ganze Körper zum Skelett werden – ich werde nicht vom Menschenmöglichen lassen.«

Freude

Wenn der Erleuchtungsfaktor Energie stark ist, stellt sich tiefe meditative Konzentration ein und mit ihr Freude. Die Stufen der tiefen meditativen Konzentration werden *Jhanas* genannt. Sie gehen über die gewöhnliche Achtsamkeit hinaus, von der wir bisher gesprochen haben, und führen uns in immer tiefere Zustände der Stille und Versenkung. Mehr über die Jhanas finden Sie in meinem Buch *Von der Achtsamkeit zur Sammlung*.

Auf unserem Weg durch die von Stufe zu Stufe tiefer werdenden Jhanas schlafen die fünf Hindernisse nach und nach ein, die zehn Fesseln lösen sich, und unsere Konzentration wird immer stärker. Freude stellt sich ein, wenn das Hindernis des Übelwollens überwunden ist. Dadurch entspannen sich Körper und Geist, es kommen Frieden und heitere Gelassenheit auf.

Mit tiefer werdender Konzentration durchlaufen wir fünf Stadien der Freude: kleine Freude, kurzzeitige Freude, Freudenschauer, erhebende Freude und alles durchdringende Freude. Bei kleiner Freude sträuben sich einem immerhin die Haare. Kurzzeitige Freude ist wie zuckende Blitze. Freudenschauer überspülen uns förmlich und rauschen dann weiter wie Brandungswellen. Erhebende Freude kann den Körper buchstäblich in die Höhe heben. Ein Sutta erzählt von einem Mädchen, in dem sich beim Gedanken an den Tempel erhebende Freude zu regen begann. Sie erhob sich tatsächlich in die Luft und erreichte den Tempel so noch vor ihren Eltern, die zu Fuß gingen. Alles durchdringende Freude durchtränkt buchstäblich den gesamten Körper.

Die Freude, die wir in den ersten Jhanas erleben, hat nichts mit den Freuden unseres Alltags gemein. Auch in den Jhanas ist es so, dass Freude erst zu einem der sieben Erleuchtungsfaktoren wird, wenn wir die drei vorausgehenden Faktoren Achtsamkeit, forschendes Fragen und Energie aufgebaut haben. Achtsamkeit leuchtet im Verbund mit dem forschenden Fragen alle Ecken des Geistes aus, auch die dunklen. Energie beflügelt unser Bemühen, die Realität zu sehen, wie sie ist; sie räumt alles aus dem Weg, was uns daran hindert, Erleuchtung zu finden.

Wenn dies ein bestimmtes Maß erreicht hat, wird eine besondere Freude in uns wach, die zu den Faktoren der Erleuchtung gehört. Im Unterschied zu den frühen Jhana-Stadien ist dies eine anhaltende Freude. Sie lässt nicht nach, sie verblasst nicht, da sie auf wahrer Einsicht beruht, und nur so kann sie zum Faktor für die Erleuchtung werden. Wenn wir dieses Stadium erreicht haben, verlässt uns die Freude nie wieder.

Gelassene Stille

Nach dem Erleuchtungsfaktor Freude bildet sich die gelassene Stille oder Ruhe als nächster Faktor. In dieser Verfassung sind Geist und Körper ruhig, entspannt und in Frieden. Alles an uns befindet sich in dieser Ruhe und Stille. Verlangen, Kummer und Wahn sind verschwunden. Wir sind vollkommen zufrieden und fühlen uns ganz geborgen. Uns ist nicht nach körperlicher Bewegung, wir empfinden weder Hunger noch Durst, Müdigkeit, Langeweile und Trägheit spielen keine Rolle mehr. Es herrscht gelassene Stille und Ruhe, alles ist gut. Das Ziel unserer Praxis haben wir zwar noch nicht erreicht, aber jetzt im Moment empfinden wir tiefen Frieden und Glück.

Konzentration

Wo Freude und gelassene Stille herrschen, nimmt die Konzentration zu. Zu Beginn unserer Achtsamkeitspraxis ist die Konzentration noch eher unstet, Augenblicke der klaren Sammlung wechseln sich mit Phasen ab, in denen wir unseren inneren Dialogen folgen oder uns von Geräuschen, Gerüchen und anderen Sinneseindrücken ablenken lassen. All das verschwindet im Lauf der Zeit mehr und mehr im Hintergrund, sodass wir uns für immer längere Zeitabschnitte ausschließlich auf den Atem oder unser jeweiliges Meditationsobjekt konzentrieren können. Wir sprechen hier von der »Annäherungs-Konzentration«, weil wir uns jetzt den tieferen meditativen Zuständen annähern, die Jhanas genannt werden.

Auf unserem Weg durch die Jhanas wird die Konzentration zum Erleuchtungsfaktor. Wir sind jetzt in der Lage, unseren Geist wie einen Laser auf die fünf Anhäufungen zu konzentrieren, und dabei stoßen wir auf die drei universalen Kennzeichen aller gewordenen Dinge: dass sie sich ständig ändern, dass sie von Natur aus unbefriedigend sind und dass sie kein dauerhaftes Ich, keine

Seele besitzen. Das ist jetzt keine Lehre mehr, sondern wir erkennen es als essenzielle Wahrheit. Im tiefen Jhana wirken Achtsamkeit und Konzentration so zusammen, dass nichts mehr unsere Verwirklichung aufhalten kann.

Gleichmut

Gleichmut ist wie der Drehpunkt einer altmodischen Balkenwaage. In die eine Waagschale häufen wir Reis, in die andere legen wir Gewichte. Dann passen wir die Reismenge so an, dass der Zeiger am Waagbalken genau senkrecht steht. Jetzt können wir sicher sein, dass die Menge wirklich genau bemessen ist. Dieser Drehpunkt steht symbolisch für das, was wir Gleichmut nennen. In den Jhanas nutzen wir den Gleichmut als eine Art Feinwaage für die Abstimmung der übrigen Erleuchtungsfaktoren. Stellen wir dabei fest, dass unser Geist träge wird, verstärken wir unsere Achtsamkeit und das forschende Fragen, um Energie zu mobilisieren, die das rechte Verhältnis wiederherstellt. Herrscht andererseits zu viel Aufregung in unserem Geist, legen wir mehr Gewicht auf Freude, Stille und Konzentration, damit wir ruhiger werden.

Der Gleichmut der Jhana-Zustände ist nicht mit dem Gleichmut zu verwechseln, den wir bis dahin bei der Achtsamkeitsmeditation eingesetzt haben, um ein gesundes Gleichgewicht unserer Gefühle zu erreichen. Dieser Gleichmut, der mit den Sinnen und ihren Gegenständen zu tun hat, wird »Gleichmut der Vielfalt« genannt. Gleichmut, wie er in den Jhanas als Erleuchtungsfaktor auftritt, wird dagegen als »Gleichmut der Einheit« bezeichnet, weil es hier nur noch um ein einziges inneres Objekt geht.

Auf diesem letzten Abschnitt des Weges sind alle Dinge, die Geist und Körper ausmachen – die fünf Anhäufungen in Vergangenheit, Gegenwart und Zukunft –, vollkommen gleich. Nichts wird mehr als gut oder schlecht oder neutral empfunden. Alles ist von gleicher Realität: vergänglich, unbefriedigend und ichlos. In einem Sutta heißt es über dieses Stadium: »Das Anhaften an den materiellen Dingen der Welt hört vollkommen auf, und es bleibt kein Rest davon.«

Konzentration und wie man sie aufbaut

Die in den Jhana-Stadien entstehende Konzentration als Faktor der Erleuchtung entwickelt sich aus der Konzentration, die wir aufbauen, seit wir uns das erste Mal zum Meditieren hingesetzt haben. Konzentration ist wie ein Muskel, der durch Training stärker wird. Hier ein paar Anregungen zum Aufbau einer Konzentration, die jeden Schritt Ihrer Achtsamkeitspraxis unterstützen wird:

▶ Sorgen Sie von Anfang an dafür, dass Sie mit Ihrer Konzentration keine ungeeigneten Nebenabsichten verbinden: Sie muss frei sein von Gier, Hass und Verblendung. Sollte der Antrieb zu Ihrem Konzentrationstraining beispielsweise darin bestehen, dass Sie lernen möchten zu levitieren, dann ist das keine gesunde Motivation.

▶ Wenn Sie Konzentration üben, sollten die Belange des Alltags dabei keine Rolle spielen. Seien Sie sich bewusst, wie kurz das Leben ist. Nehmen Sie sich fest vor, diese Meditation zu nutzen, um sich von den Leiden des zyklischen Daseins zu befreien.

▶ Sammeln Sie sich sehr bewusst auf das Meditationsobjekt, das Sie sich jeweils vorgenommen haben: auf den Atem, die Haltungen des Körpers, die Bestandteile des Körpers, die vier Elemente, die drei Arten von Gefühlen, die fünf Hindernisse oder die zehn Fesseln.

▶ Achten Sie darauf, dass Sie in der Gegenwart bleiben. Sorgen Sie ohne Pause dafür, dass Sie bei Ihrem Meditationsgegenstand bleiben. Stellen Sie dabei fest, dass Ihr Geist doch wieder abgeschweift ist, holen Sie ihn sanft, aber bestimmt zurück.

- Bleiben Sie mit Feuereifer bei der Sache, so bleiben Sie auch am ehesten wach. Wenn Sie träge und schläfrig werden, erneuern Sie Ihre Anstrengung, um frische Begeisterung zu schaffen. Ist Ihr Geist überdreht und sprunghaft, sammeln Sie sich ganz auf den Atem, bis wieder Ruhe einkehrt.
- Behalten Sie vor allem die fünf Hindernisse im Auge – Begehren, Hass, Sorgen, Trägheit und Zweifel. Wenn ein Hindernis aktiv ist, betonen Sie das Gegenteil. Gegen Gier beispielsweise helfen Gedanken der Großzügigkeit und gegen Hass Gedanken der Herzensgüte. Ist das Hindernis dann abgebaut, konzentrieren Sie sich wieder auf Ihr Meditationsobjekt.
- Sie möchten Ihre Konzentration so stark machen, dass Sie mit ihrer Hilfe zu den drei zentralen Kennzeichen aller Dinge und Erfahrungen vordringen können: Alles ändert sich ständig, alle aus Bedingungen hervorgegangenen Dinge sind unbefriedigend, und nichts besitzt ein dauerhaftes Ich oder eine Seele.
- Bei tiefer werdender Konzentration geht das Interesse an anderen Dingen allmählich ganz von selbst zurück, und Ihr Geist kann sich für immer längere Zeitabschnitte auf den jeweiligen Meditationsgegenstand konzentrieren.
- Kümmern Sie sich dann nicht länger um die Einzelheiten dessen, was in Ihnen vorgeht. Sammeln Sie sich einfach achtsam auf Ihre Meditation.
- Wenn Sie sich um gesunde Konzentration bemühen, fällt es Ihnen von Mal zu Mal leichter, Ihre Ausrichtung beizubehalten. Freuen Sie sich immer, wenn es Ihnen gelingt, sich zu konzentrieren, sei es auch kurz. Konzentration und Achtsamkeit arbeiten Hand in Hand, um den Geist zu läutern und die Hindernisse klein zu halten.
- Konzentration erschließt Ihnen die unmittelbare Erfahrung dessen, was der Buddha lehrte. Das gibt Ihnen den Antrieb, Ihre Konzentration noch weiter zu vertiefen, um zu noch tieferer Einsicht zu gelangen.

13. Die vier Wahrheiten und acht Schritte

Nach seiner Erleuchtung dachte der Buddha über die tiefen Dhamma-Wahrheiten nach, die ihm offenbar geworden waren. Er sah auch, dass die meisten Menschen ganz der Unwissenheit verfallen waren. Selbst wenn er die Wahrheiten darlegte, wie sollten diese Menschen sie verstehen? Da entschloss er sich zu schweigen.

Dann jedoch dachte er: »Nun, es gibt doch sicher einige, die nur wenig Staub in den Augen haben. Sie sind wie Lotospflanzen in einem Teich. Manche sind erst kleine Knospen irgendwo tief im trüben Wasser, andere streben schon in Richtung Oberfläche oder haben sie bereits erreicht, aber blühen noch nicht. Einige wenige stehen vielleicht unmittelbar vor ihrer Blüte, und für die möchte ich den Dhamma darlegen.«

IN DER ERSTEN LEHRREDE, die der Buddha nach seiner Erleuchtung im Hirschpark bei Varanasi hielt, sprach der Buddha von den sogenannten vier edlen Wahrheiten. In den darauffolgenden fünfundvierzig Jahren seiner Lehrtätigkeit kam er noch oft auf diese vier Wahrheiten zurück. Die achtsame Auseinandersetzung mit ihnen und mit den acht Schritten des vom Buddha gelehrten Weges ist entscheidend, wenn wir inneren Frieden und Freiheit finden möchten.

Die erste Wahrheit ist die Wahrheit vom *Leiden*, von dem Ungenügen und Unglück, die uns in diesem Leben nicht erspart bleiben. Die zweite Wahrheit ist die vom *Ursprung* oder den *Ursachen* des Leidens, die in unserem undisziplinierten Geist zu erkennen sind, der sich an die Dinge klammert. Die dritte Wahrheit ist die vom *Aufhören* oder von der *Beendigung* des Leidens, und die vierte Wahrheit ist die Wahrheit vom *edlen achtfachen Pfad*, der zur Beendigung aller unserer Leiden führt.

Achtsamkeit und die vier edlen Wahrheiten

Zahlreiche Menschen nehmen die Leiden, die in der Welt existieren, deutlicher wahr als die eigenen. »Sieh dir diese Welt an«, sagen sie, »überall Hunger, Krankheit, Arbeitslosigkeit, Scheidungen, Kriege, Katastrophen und was nicht alles.« Erdbeben und Epidemien wirken so unmittelbar real, man fühlt mit den Opfern. Es ist gut, wenn uns die Leiden anderer nicht kaltlassen, sondern uns den Impuls geben, nach bestem Vermögen zu helfen. Aber manchmal helfen wir uns mit diesem Mitgefühl auch über die Leiden hinweg, denen wir selbst täglich ausgesetzt sind.

Die erste edle Wahrheit des Buddha besagt, dass alle Lebewesen leiden. Meist handelt es sich dabei nicht um Katastrophen, sondern um Alltägliches. Das Sutta über die vier Grundlagen der Achtsamkeit zählt etliche Beispiele auf. Wir leiden, weil wir altern, krank werden und schließlich sterben. Missgeschicke aller Art bringen körperliche und seelische Leiden mit sich. Immer wieder mal sind wir traurig oder in Nöten. Unter allem, was wir als unangenehm und schädlich empfinden, und das können auch Menschen sein, leiden wir. Und wenn uns etwas oder jemand genommen wird, das oder den wir als angenehm und tröstlich empfinden, leiden wir ebenfalls.

Jedem von uns werden nach kurzem Nachdenken viele Beispiele aus dem eigenen Leben einfallen. Stress, Angst, Depression, chronische Krankheit, nervöse Anspannung – was es auch sei, die erste edle Wahrheit des Buddha macht uns bewusst, dass Leiden in unserem unerleuchteten Zustand unvermeidlich sind.

Achtsamkeit lässt uns erkennen, dass alle Leiden eine Grundursache haben, nämlich unsere Begehrlichkeit, unser Anhaften an den Dingen. Alle fünf Anhäufungen ändern sich ständig, werden krank, altern, sterben Augenblick für Augenblick. Je mehr wir uns an den Körper klammern, wenn er alt und krank wird, desto schlimmer werden unsere körperlichen und seelischen Schmerzen. Wenn wir angenehme Empfindungen festhalten und unangenehme vermeiden möchten, muss uns das unvermeidliche Auf und Ab des Lebens deprimieren und unglücklich machen. Jedes Erlebnis von Schönheit und selbst der köstlichste, großartigste Gedanke halten nur einen Augenblick lang an, um dann wieder zu vergehen. Jede Anhäufung, an die wir uns klammern, wird zu einer Ursache des Leidens. Es liegt bei uns. Wenn wir nicht anhaften, leiden wir nicht. Ist uns das gegenwärtig, wissen wir um die zweite edle Wahrheit.

Aber Leiden können enden, wie der Buddha in seiner dritten edlen Wahrheit verspricht. Glück ist nach den Worten des Buddha der Frieden, den wir erleben, wenn alle negativen Geisteszustände überwunden sind: Gier, Hass, Verblendung, Kummer, Klagen, Schmerz, Gram und Verzweiflung. Wenn wir unser Verlangen nach sinnlicher Lust überwinden können, finden die Leiden keinen Ansatz mehr bei uns. Augen und sichtbare Dinge, Nase und Gerüche, Ohren und Geräusche, Zunge und Geschmäcker, Körper und Berührungsempfindungen sowie der Geist und seine Gegenstände – das alles wirkt zusammen und löst unser Begehren und andere schädliche Regungen aus. Sobald uns jedoch durch Achtsamkeit bewusst wird, dass jede noch so schreckliche und jede noch so schöne Erfahrung bald wieder vergangen ist, läuft dieses Geschehen nicht mehr zwangsläufig ab, wir können es unterbinden. Dann bleiben wir in Frieden und leiden nicht mehr, wir sehen die Realität so, wie sie ist: vergänglich, unbefriedigend und ichlos.

Achtsamkeit und der edle achtfache Pfad

Die vierte edle Wahrheit ist die vom Weg zur Beendigung des Leidens. Traditionell werden hier acht Stadien oder Schritte unterschieden.

Das Sutta über die vier Grundlagen der Achtsamkeit spricht die vier edlen Wahrheiten nach den sieben Faktoren der Erleuchtung an, und das ist sehr einleuchtend. Im Gleichmut, dem letzten der sieben Faktoren, sind unsere Leiden uns klar gegenwärtig. Wir werden nicht mehr so sehr vom Geschehen selbst mitgerissen, sondern erkennen, dass wir unsere Leiden selbst herbeiführen. Damit ist auch klar, dass wir sie beenden können. Sie enden, wenn wir den Pfad des Buddha gehen.

Die acht Schritte oder Glieder des Pfades lassen sich ohne große Mühe aufzählen, aber eigentlich stellt jeder der Schritte ein tiefgründiges und umfangreiches Thema für sich dar und setzt das Verständnis vieler Aspekte des Buddha-Dhamma voraus. Schließlich handelt es sich um den Weg, der zur endgültigen Befreiung führt, zum Nibbana. Ich verweise auf die ausführliche Darstellung in meinem Buch *Acht Schritte zum Glück* und gebe hier nur einen ganz kurzen Abriss:

Rechtes Verständnis: Wir erkennen, dass jede unserer Handlungen eine Ursache ist, die Wirkungen nach sich zieht. Damit ist klar, dass es an uns liegt, für die Ursachen eines guten Lebens jetzt und in der Zukunft zu sorgen.

Rechtes Denken: Wir bemühen uns um positive geistige Regungen, Gedanken der Großzügigkeit, des Loslassens, der Herzensgüte und des Mitfühlens.

Rechte Rede: Wir bemühen uns um Wahrhaftigkeit und meiden unfreundliche Worte, üble Nachrede und müßiges Geschwätz.
Rechtes Handeln: Wir führen ein moralisch einwandfreies Leben,

in dem wir nicht töten und nicht stehlen, in dem wir sexuelles Fehlverhalten vermeiden und nichts Berauschendes zu uns nehmen.

Rechter Lebenserwerb: Wir wählen einen Beruf, der uns nicht zu unmoralischem Handeln verleitet, wir verhalten uns im Berufsleben ehrenhaft und einwandfrei.

Rechtes Bemühen: Wir lassen nicht nach in unserer Anstrengung und unserem Bemühen, schädliche Geisteszustände zu überwinden und zu verhindern, und mit dem gleichen Eifer bilden wir eine gute und förderliche Geistesverfassung heran.

Rechte Achtsamkeit: Wir gehen alle Tage unserer Achtsamkeitspraxis nach und machen Achtsamkeit auch zur Grundlage unseres Alltags.

Rechte Konzentration: Wie trainieren die auf einen Punkt ausgerichtete Sammlung, mit der wir die Jhana-Zustände der tiefen Konzentration erreichen können.

DIE FRÜCHTE DES PFADES

Im Satipatthana-Sutta, dem Sutta von den vier Grundlagen der Achtsamkeit, heißt es: »Ihr Bhikkhus, wenn einer sich diese vier Grundlagen der Achtsamkeit sieben Jahre lang, ja auch nur sieben Tage lang in rechter Weise erarbeitet, darf er sich eine dieser beiden Früchte davon versprechen: entweder das endgültige Erkennen hier und jetzt oder, falls noch eine Spur von Anhaftung bleibt, den Zustand der Nicht-Wiederkehr.« Der Ausdruck »in rechter Weise« besagt wohl, dass der Pfad des Buddha unseren ganzen Einsatz fordert. Natürlich ist es weniger aufwendig, einfach im alten Schlendrian zu bleiben, aber die Achtsamkeit führt uns vor

Augen, dass wir in dem Maße weniger unzufrieden und unglücklich sind, wie wir Gier, Hass und andere negative Zustände unseres Geistes unter Kontrolle bringen. Achtsamkeit weckt den Wunsch, uns noch mehr einzusetzen, um das Ziel der endgültigen Befreiung von allen Leiden zu erreichen.

Wenn unsere meditative Konzentration ein gewisses Maß erreicht hat und stabil geworden ist, bekommen wir schließlich auch die Früchte des Pfades zu schmecken. Unser Wunsch nach dem Ziel der Leidensfreiheit und die Energie, die wir für unsere Meditation aufbieten, müssen aufeinander abgestimmt sein. Unsere Konzentration darf weder verkrampft noch nachlässig sein. Ist die günstigste Abstimmung erreicht, wird unser Geist immer klarer, lichter und durchlässiger und entwickelt schließlich *Iddhis* oder höhere spirituelle Kräfte. Sie erlauben uns, auf unserem Weg durch immer höhere Zustände auch die letzten Fesseln abzustreifen.

Die vier letzten Abschnitte des Erleuchtungswegs werden Stromeintritt, Einmal-Wiederkehr, Nicht-Wiederkehr und Arahantschaft genannt. Sie stehen uns allen bevor, wenn unsere Praxis des edlen achtfachen Pfades tief genug geworden ist.

Stromeintritt. Ein Sutta erzählt, was es mit dem Eintritt in den Strom auf sich hat:

Einst fragte der Buddha den Ehrwürdigen Sariputta: »Sariputta, wir sagen: ›Der Strom, der Strom.‹ Was denn, Sariputta, ist der Strom?«

»Dieser edle achtfache Pfad ist der Strom, Erhabener«, gab Sariputta zurück.

»Gut, gut, Sariputta«, sagte der Buddha. »Es wird aber auch gesagt: ›Ein in den Strom Eingetretener, ein in den Strom Eingetretener.‹ Was, Sariputta, ist denn ein in den Strom Eingetretener?«

Und Sariputta antwortete: »Einer, der sich ganz auf diesen edlen achtfachen Pfad eingelassen hat, wird ein in den Strom Eingetretener genannt, Erhabener.«

Der achtfache Pfad also ist der Strom, der uns zur Erleuchtung trägt, wenn wir ganz in ihn eintreten. Wenn wir lange genug meditiert haben, wird unser Geist immer klarer. Zweifel vergehen, und wir sehen die Verbindung zwischen Gier und Leid sehr deutlich – sie erscheinen uns so gut wie identisch.

Von da an gehen wir den edlen achtfachen Pfad mit einer neuen Gewissheit. Der einwandfreie Lebenswandel wird uns zur zweiten Natur. Wir achten streng darauf, dass wir nicht töten, nicht stehlen und uns kein sexuelles Fehlverhalten zuschulden kommen lassen. Wir meiden üble Nachrede, entzweiende Rede, unfreundliche Rede und müßige Rede. Wir sind stets um gute Gedanken bemüht und eifrig darauf bedacht, eine positive Geistesverfassung zu fördern und schlechte Geisteszustände möglichst abzubauen.

Mit diesen guten Taten von Körper, Rede und Geist werden die ersten drei Fesseln abgestreift: Glaube an ein dauerhaftes Ich, Zweifel und das Anhaften an Ritualen. Wir erkennen, dass alle fünf Anhäufungen ihrem Wesen nach gleich sind, sie entstehen und vergehen. Wir haben keinerlei Verlangen, das ganze Leid von Geburt, Alter und Tod jemals wieder zu erleben. Wir können uns mit voller Überzeugung sagen, wie es in einem Sutta heißt: »Ich bin fertig mit der Hölle, fertig mit dem Daseinsbereich der Tiere, fertig mit dem Reich der Geister, ich bin fertig mit der Welt der Leiden, mit allen unguten Orten, den niederen Bereichen. Ich bin ein in den Strom Eingetretener, nicht länger an ein Geschick gefesselt, Erleuchtung ist das mir bestimmte Ziel.«

Einmal-Wiederkehr. Achtsamkeit macht uns auch die kleinsten Veränderungen in den fünf Anhäufungen bewusst. Dadurch werden die groben Anteile der nächsten beiden Fesseln aufgehoben: Verlangen nach sinnlicher Erfahrung und Hass. Wir sind jetzt ein »Einmal-Wiederkehrender«, das heißt, es steht uns höchstens noch eine menschliche Wiedergeburt bis zur Erleuchtung bevor.

Nicht-Wiederkehr. Unsere tiefe meditative Konzentration bereinigt auch die subtilen Aspekte des Begehrens und Hassens. Das macht uns zu »Nicht-Wiederkehrenden«. Wir werden nie mehr im menschlichen Daseinsbereich wiedergeboren. Wir werden vielmehr in einem reinen Verweilzustand wiedergeboren, in einem reinen Land, wie es in manchen buddhistischen Traditionen heißt. Hier setzen wir unsere Praxis, die zur vollkommenen Befreiung führt, ungestört fort.

Arahantschaft. Auf diesem letzten Wegabschnitt sprengt unsere hochentwickelte meditative Konzentration auch die letzten fünf Fesseln. Wir wünschen uns keinerlei Wiedergeburt mehr, auch nicht in einem feinstofflichen oder einem immateriellen Bereich. Jeder letzte Rest von Einbildung oder Unrast fällt von uns ab. Der Geist ist so klar und lichtvoll, dass er die vier edlen Wahrheiten – das Leiden, seine Ursachen, sein Ende und den Weg zum Ende des Leidens – als ein einziges Wirkgefüge erkennt.

Unser Geist befreit sich nun endgültig von dem Wahn, es könne irgendwo in den fünf Anhäufungen ein Ich zu finden sein. Unwissenheit und Verblendung erreichen ihr endgültiges Ende, und jetzt sind wir ein Arahant, ein endgültig von allen Leiden Befreiter. Wir sind am Ziel. Und wir wissen: »Die Geburt ist beendet, das heilige Leben wurde geführt, getan ist, was zu tun war, darüber hinaus gibt es hier nichts.«

Der Ehrwürdige Sariputta sagte: »Für den Arahant, mein Freund, ist nichts weiter zu tun und nichts bereits Getanes zu wiederholen.« Die Leiden dieses Lebens sind beendet, und zwar für alle Zukunft, wie Sariputta erläutert: »Wenn das erreicht ist, folgt ein angenehmes Verweilen in diesem Leben, ein Leben der Achtsamkeit und des klaren Begreifens.«

Es gibt nur einen einzigen Zugang zu einem solchen Leben: hingebungsvolle Praxis der vier Grundlagen der Achtsamkeit. Dazu hier noch einmal die Kernpunkte:

Achtsamkeitspraxis – eine Zusammenfassung

- Die Kernpunkte der vier Grundlagen der Achtsamkeit vergegenwärtigen Sie sich am besten durch erneute Lektüre meiner Kurzfassung des Suttas über die vier Grundlagen der Achtsamkeit, die Sie vorn im Anschluss an die Einleitung zu diesem Buch abgedruckt finden.
- Achtsamkeit gibt Ihnen Aufschluss über die Grundeigenschaften alles Existierenden: Alles ist vergänglich, unbefriedigend und ichlos, das heißt ohne einen dauerhaften Wesenskern.
- Zu dieser Einsicht kommen Sie durch Achtsamkeit, mit der Sie Ihren Körper, Ihre Gefühle, Ihre Gedanken und die Phänomene oder den Dhamma betrachten.
- Der beste Einstieg in die Achtsamkeitspraxis ist die Atemmeditation, einfach weil der Atem immer vorhanden ist und sich als Betrachtungsobjekt anbietet. Wenn der Geist ganz beim Atem ist, hält er sich automatisch im gegenwärtigen Augenblick auf.
- Der Achtsamkeit und dem klaren Begreifen erschließt sich, dass die zweiunddreißig Bestandteile des Körpers aus den vier Elementen in ständig wechselnder Gewichtung gefügt sind. Der Körper kann uns keine dauerhafte Befriedigung verschaffen, weil er krank wird, verfällt und stirbt. Ganz wichtig: Der Körper ist nicht das, was ich bin, er ist nicht mein, er ist nicht mein Ich.
- Achtsamkeit auf die Gefühle macht Ihnen bewusst, dass Leid im Wesentlichen durch die reflexhafte Reaktion des Geistes auf Gefühle bedingt ist: Er begehrt lustvolle Gefühle, er verabscheut unangenehme Gefühle, und neutrale Gefühle bringen ihn durcheinander, weil sie ihm kein klares Ich-Gefühl verschaffen. Mit Gefühlen ist es wie mit allem anderen, sie entstehen, bestehen und vergehen.
- Achtsamkeit auf den Geist macht Ihnen klar, dass sich auch Ihre Gedanken und Ihre Geistesverfassung ständig ändern.
- Durch die Übung der Achtsamkeit auf den Dhamma oder die

Phänomene und Gesetzmäßigkeiten wird Ihnen das ewige Wechselspiel so vieler Phänomene bewusst: der fünf Hindernisse, der zehn Fesseln, der fünf Anhäufungen, der sechs Sinne und Sinnesbereiche, der sieben Erleuchtungsfaktoren, der vier edlen Wahrheiten und der acht Schritte des Buddha-Pfades.

- Unsere Praxis der Achtsamkeit auf die vier Grundlagen führt uns zur endgültigen Befreiung, zum Ende aller Leiden, zum Nibbana. Der Buddha sichert uns zu, dass wir dieses Ziel innerhalb unseres jetzigen Lebens erreichen können. In rechter Weise geübte Achtsamkeit lindert unsere Leiden sofort und macht uns dieses Leben angenehmer.

Glossar

Die in diesem Buch verwendeten Begriffe haben zum Ziel, die Lehre des Buddha in einfachen, klaren Worten wiederzugeben. In einigen Fällen sind im Englischen wie im Deutschen auch andere Übersetzungen der ursprünglichen Pali-Worte geläufig; sie können selbstverständlich parallel zu den untenstehenden Begriffen gebraucht werden.

Abhängiges Entstehen: Alles, was aufgrund von unbeständigen Ursachen und Bedingungen existiert. Alles Bedingte entsteht, existiert eine Weile und vergeht dann wieder.

Anhäufungen: Die fünf traditionell genannten Bestandteile von Körper und Geist: Form, Gefühl, Wahrnehmung, Denken und Bewusstsein.

Annäherungs-Konzentration: Wir werden fähig, uns für immer längere Zeiträume ausschließlich auf den Atem oder ein anderes Meditationsobjekt zu konzentrieren, und schließlich erreichen wir den Punkt, an dem unsere Meditation in die Jhana-Zustände der tiefen Konzentration übergeht.

Arahant: Ein Meditierender, der auf dem Buddha-Weg vollkommene Befreiung von allen Leiden gefunden hat.

Aufhören, Beendigung: In seiner dritten edlen Wahrheit gibt der Buddha das Versprechen, dass unsere Leiden beendet werden können. Das Aufhören ohne neue Geburt, das endgültige Ende aller Leiden, wird Nibbana genannt.

Befreiung: Vollständige Freiheit von allen Leiden. Frei insbesondere von den Zyklen immer weiterer Geburten und Tode unter dem Einfluss des Kamma und des Begehrens.

Bhikkhu: Ein Mönch mit voller Ordination. Ein Mitglied des buddhistischen Sangha, der Gemeinschaft derer, die dem Buddha nachfolgen.

Bojjhangas: Die sieben Faktoren der Erleuchtung: Achtsamkeit, erforschendes Fragen, Energie, Freude, Stille, Konzentration und Gleichmut. Das Wort setzt sich aus *Bodhi*, »Erleuchtung«, und *Anga*, »Glied«, zusammen. Wörtlich handelt es sich also um die sieben Erleuchtungsglieder.

Der edle achtfache Pfad: Der vom Buddha in der vierten edlen Wahrheit angesprochene Pfad zur Beendigung der Leiden. Die acht Schritte oder Glieder sind: rechte Erkenntnis, rechtes Denken, rechte Rede, rechtes Handeln, rechter Lebenserwerb, rechtes Bemühen, rechte Achtsamkeit und rechte Konzentration.

Dhamma: Das Wort bezeichnet ganz allgemein »die Phänomene«, aber auch das wahre Wesen der Phänomene, wie es vom Buddha gelehrt wurde: Alle bedingten Phänomene sind vergänglich, unbefriedigend oder leidvoll und ichlos. Im Buddhismus wird die Lehre des Buddha in ihrer Gesamtheit als Dhamma (auf Sanskrit *Dharma*) bezeichnet.

Dhammapada: Sammlung von Versen über die Grundlagen der buddhistischen Lehre.

Einmal-Wiederkehr: Die zweite Hauptstufe der Entwicklung auf dem Weg zur Befreiung nach dem Stromeintritt. Wer diese Stufe erreicht, wird bis zu seiner Erleuchtung höchstens noch einmal in der Menschenwelt wiedergeboren.

Einsichtsmeditation: auch Vipassana oder Achtsamkeitsmeditation genannt. Eine gesammelte, zugespitzte Bewusstheit, die uns erlaubt, das Wesen des Körpers, des Fühlens, des Denkens und des Dhamma zu erkennen.

Erleuchtung: Vollständige und endgültige Befreiung von allen Leiden. Der Buddha und die Arahants haben mit ihrer Erleuchtung das Aufhören erreicht. Da sie alle Fesseln gelöst haben, die die Menschen an die Zyklen von Geburten und Toden binden, steht ihnen keine Wiedergeburt mehr bevor, nirgendwo und in keiner Form.

Fessel: Die zehn tief eingefleischten Gewohnheiten des unerleuchteten Geistes, die uns ein leidvolles Leben nach dem anderen bescheren.

Hindernisse: Negative Neigungen, die unsere Konzentration stören und dadurch unser Vorankommen auf dem Weg verhindern. Hindernisse sind sinnliches Verlangen, Übelwollen, Trägheit und Stumpfheit, Unruhe und Sorgen sowie skeptischer Zweifel. Meditative Konzentration schaltet die Hindernisse vorübergehend aus, doch erst in den Jhana-Zuständen der tiefen Konzentration können sie überwunden werden.

Iddhis: Spirituelle Kräfte, die sich durch tiefe Meditation heranbilden. Mit ihrer Hilfe streifen wir die Fesseln ab und schwingen uns zu immer größeren Höhen der Verwirklichung auf.

Jhana: Die Stufen der tiefen meditativen Konzentration, die über die normale Achtsamkeitsmeditation hinausgehen. Zustände von zunehmender Stille, Harmonie und Kraft.

Kamma: Wörtlich »Tat«. Das universale Prinzip von Ursache und Wirkung. All unsere Aktionen von Körper, Rede und Geist sind Ursachen. Bei unserem gegenwärtigen Leben und allem, was uns darin widerfährt, handelt es sich um Wirkungen aufgrund von Ursachen, die wir in diesem oder früheren Leben geschaffen haben. Ursachen und Wirkungen entsprechen einander: gute Ursachen, erfreuliche Wirkungen; schlechte Ursachen, bedauerliche Wirkungen.

Leidenschaftslosigkeit: Das Gegenteil des Anhaftens an den Dingen. Eine der zehn besonderen Wahrnehmungen, die sich aufgrund der Achtsamkeitsmeditation einstellen. Wenn sich klar abzeichnet, dass alles aufgrund von Ursachen und Bedingungen Entstandene vergänglich, unbefriedigend und ichlos ist, wächst die Leidenschaftslosigkeit in Ihnen. Sie lösen sich von dem Glauben, das Anhaften an den Dingen dieser Welt könne Ihnen dauerhaftes Glück bescheren.

Metta: Pali-Begriff für die innere Haltung der Herzensgüte. Auf Sanskrit *Maitri*.

Nibbana: Das Ziel des buddhistischen Weges: endgültige Tilgung unserer Verblendung und endgültige Befreiung vom zyklischen Dasein endloser Geburten und Tode. Sanskrit-Schreibweise: *Nirvana*.

Nicht-Wiederkehr: Die dritte große Stufe auf dem Pfad zur Befreiung (nach dem Stromeintritt und der Einmal-Wiederkehr). Wer diese Stufe erreicht, wird nie mehr als Mensch wiedergeboren. Er wird vielmehr an einem reinen Ort wiedergeboren, wo er seiner Praxis ungestört bis zur endgültigen Befreiung nachgehen kann.

Pali: Die antike Schriftsprache, in der die buddhistischen Schriften der Theravada-Tradition abgefasst sind.

Samatha: Konzentrationsmeditation. Der Begriff wird manchmal mit »ruhiges Verweilen« übersetzt. Es ist ein friedvoller Zustand der tiefen Sammlung, der die Hindernisse zurückdrängt und den Geist ruhig, ausgeglichen und klar macht.

Samsara: Das Reich des zyklischen Daseins mit seiner endlosen Folge von Geburten, auf die immer wieder Krankheit, Alter und Tod folgen.

Sati: Das Pali-Wort, das gemeinhin mit »Achtsamkeit« übersetzt wird, aber auch »Erinnerung«, »Eingedenksein« oder »Besinnung« bedeuten kann. Gemein ist, dass wir Augenblick für Augenblick und ohne sprachlichen Ausdruck auf das achten, was gerade vor sich geht.

Stromeintritt: Die erste Hauptstufe auf dem Pfad der Befreiung, gekennzeichnet durch Klarheit und Vertrauen zum edlen achtfachen Pfad des Buddha.

Sunnata: »Leerheit«, insbesondere Leerheit von einem Ich oder Selbst. Angesprochen ist mit diesem Begriff die Weisheit, die erkennt, dass es kein dauerhaftes Ich und keine Seele gibt, sondern alles im Samsara unbeständig, unbefriedigend und ichlos ist, auch jeder Mensch. Sanskrit-Schreibweise: *Shunyata*.

Sutta: So werden buddhistische Erzählungen oder Lehrreden bezeichnet, die der Überlieferung nach auf den Buddha selbst oder einen seiner unmittelbaren Schüler zurückgehen. Auf Sanskrit: *Sutra*.

Theravada: Die »Schule der Alten«, die älteste buddhistische Tradition, in der Meditation als Weg zum Nibbana und damit zur endgültigen Befreiung von allen Leiden praktiziert wird. Bis heute ist diese Schule des Buddhismus in Sri Lanka, Myanmar, Thailand, Laos und Kambodscha verbreitet, und sie verfügt über zahlreiche Dhamma-Zentren im Westen.

Unwissenheit: Unkenntnis der Kern-Einsichten des Buddha, insbesondere der vier edlen Wahrheiten.

Verblendung, Wahn: Der Irrglaube an ein dauerhaftes Ich, eine Seele. Das Gefühl, es müsse da etwas Reales und Beständiges namens »ich« geben, das irgendwo in Körper und Geist seinen Ort hat oder mit ihnen identisch ist.

Vier edle Wahrheiten: Inhalt der ersten Lehrrede des Buddha nach seiner Erleuchtung, gehalten im Hirschpark bei Varanasi. Es sind: die Wahrheit vom Leiden, die Wahrheit von der Ursache des Leidens (Begehren), die Wahrheit von der Beendigung des Leidens und die Wahrheit vom Weg zur Beendigung des Leidens, dem edlen achtfachen Pfad.

Vipassana: Einsicht, insbesondere Einsicht in das wahre Wesen des Ichs und der Phänomene. Letztlich geht es um die Erkenntnis, dass alles aus Bedingungen Hervorgegangene vergänglich, leidvoll und ichlos ist.

Bücher von
Bhante Henepola Gunaratana

Die Praxis der Achtsamkeit. Eine Einführung in die Vipassana-Meditation. Heidelberg: Kristkeitz, 2002.

Von der Achtsamkeit zur Sammlung. Eine Einführung in die tieferen Stadien der Meditation. Heidelberg: Kristkeitz, 2010.

Acht Schritte zum Glück. Mit Achtsamkeit auf dem Pfad des Buddha. Heidelberg: Kristkeitz, 2011.

Mit Jeanne Malmgren: *Reise zur Achtsamkeit. Die Autobiografie des Bhante Henepola Gunaratana.* Uttenbühl: Jhana, 2012.

Über den Autor

Der Ehrwürdige Henepola Gunaratana erhielt in Malandeniya, Sri Lanka, mit zwölf Jahren die buddhistische Mönchsordination. 1947, als er zwanzig war, folgte in Kandy die volle Ordination zum Mönch in der buddhistischen Theravada-Tradition. Ausgebildet wurde er an der Vidyasekhara-Hochschule in Gampaha, an der Vidyalankara-Hochschule in Kelaniya und schließlich an der buddhistischen Missionshochschule in Colombo. Anschließend reiste er für fünf Jahre nach Indien, wo er sich im Auftrag der Mahabodhi Society für die Harijana oder »Unberührbaren« in Sanchi, Delhi und Bombay einsetzte. Später hielt er sich zehn Jahre lang in Malaysia auf und diente der Sasana Abhivurdhiwardhana Society, der Buddhist Missionary Society und der Buddhist Youth Federation als spiritueller Berater. Er wirkte als Lehrer an der Kishon Dial School und an der Temple Road Girls' School und war Direktor des Buddhist Institute in Kuala Lumpur.

1968 kam er auf Einladung der Sasana Sevaka Society in die USA und war dort als Generalsekretär der Buddhist Vihara Society in Washington, D.C., tätig. 1980 wurde er zum Präsidenten der Gesellschaft ernannt. Während seiner Jahre im Vihara, bis 1988, gab er Kurse über den Buddhismus, leitete Meditations-Retreats und unternahm Vortragsreisen in alle Welt. Von 1973 bis 1988 wirkte er darüber hinaus als buddhistischer Seelsorger der American University.

Er promovierte an der American University zum Doktor der Philosophie und leitete selbst Kurse an der American University, der Georgetown University und der University of Maryland. Seine Bücher und Artikel erscheinen in Malaysia, Indien, Sri Lanka und den Vereinigten Staaten, seine Bücher werden in zahlreiche Sprachen übersetzt. In Thailand wird eine gekürzte Fassung seines Buches *Mindfulness in Plain English (Die Praxis der Achtsamkeit)* im Schulunterricht verwendet.

Seit 1982 ist der Ehrwürdige Gunaratana Leiter der Bhavana Society, eines Klosters und Retreat-Zentrums in den Wäldern von West Virginia, das er zusammen mit Matthew Flickstein gegründet hat. Er lebt auch dort, ordiniert und schult Mönche und Nonnen und bietet Meditations-Retreats für jedermann an. Nach wie vor hält er Vorträge in aller Welt.

Im Jahr 2000 erhielt der Ehrwürdige Gunaratana von seiner Alma Mater, der Vidyalankara-Hochschule in Sri Lanka, eine Auszeichnung zur Würdigung seines Lebenswerks.